青少年黄赌毒预防 教育知识

张晨煜◎编著

海豚出版社
DOLPHIN BOOKS
CICG 中国国际传播集团

图书在版编目（CIP）数据

青少年黄赌毒预防教育知识 / 张晨煜编著 . -- 北京：
海豚出版社 , 2023.9
ISBN 978-7-5110-6533-9

Ⅰ . ①青… Ⅱ . ①张… Ⅲ . ①卖淫问题—安全教育—
青少年读物②赌博—安全教育—青少年读物③禁毒—安全
教育—青少年读物 Ⅳ . ① D669.8-49

中国国家版本馆 CIP 数据核字（2023）第 150761 号

青少年黄赌毒预防教育知识
张晨煜　编著

出 版 人	王　磊
责任编辑	张　镛
封面设计	中北传媒
责任印制	于浩杰　蔡　丽
法律顾问	中咨律师事务所　殷斌律师
出　　版	海豚出版社
地　　址	北京市西城区百万庄大街 24 号
邮　　编	100037
电　　话	010-68325006（销售）　010-68996147（总编室）
印　　刷	艺通印刷（天津）有限公司
经　　销	新华书店及网络书店
开　　本	710mm×1000mm　1/16
印　　张	7
字　　数	57 千字
印　　数	3000
版　　次	2023 年 9 月第 1 版　2023 年 9 月第 1 次印刷
标准书号	ISBN 978-7-5110-6533-9
定　　价	29.80 元

序 言/preface

  对于青少年来说，"黄赌毒"是致命的毒药，不能沾染半分。现如今，校园教育中已经增加了许多宣传、普及预防"黄赌毒"的内容，这为青少年认清、避免"黄赌毒"的危害提供了很大的帮助，但想要从根本上解决"黄赌毒"问题，还需要从青少年的预防教育着手。

  正处于学习阶段的青少年，社会阅历和经验相对有限。不过，随着互联网的普及与发展，越来越多的青少年通过网络这扇窗，更多地认识了世界、了解了世界。这是互联网为青少年带来的便利，但这种便利之中也隐藏着许多难以预判的风险。

  互联网虽然不是不法之地，但其中也潜藏着很多风险。一些违法犯罪分子在互联网上以"黄赌毒"为饵，诱惑青少年上钩。青少年一旦沾染"黄赌毒"，就很难依靠自我控制来摆脱。这时，一些青少年便会成为违法犯罪分子的帮凶，逐渐沦为失去自我、只能任人摆布的傀儡。

　　那么，如何让青少年免受"黄赌毒"的危害，并与"黄赌毒"保持安全距离呢？这正是本书要介绍并解决的问题。对于青少年来说，拥有旺盛的精力、较强的好奇心并不是坏事，但是应该将精力与好奇心放在学习上，如果沾染上"黄赌毒"，那就可能铸成大错。

　　本书不但介绍了什么是"黄赌毒"，还对"黄赌毒"对青少年及社会的危害进行了阐述。通过阅读这些内容，青少年能直观地了解到"黄赌毒"会对自己造成的危害，对"黄赌毒"违法犯罪行为有初步的了解。本书还对"黄赌毒"致人上瘾的特性进行了介绍，这些内容可以让青少年对"黄赌毒"有一个更为清醒的认知，进而与"黄赌毒"保持距离。最后，书中还介绍了如何远离"黄赌毒"，及假如身边有人沉迷"黄赌毒"的应对方法。

　　希望青少年通过阅读本书，能够对"黄赌毒"有一个清晰的认知，了解其危害，主动远离"黄赌毒"，在保护自身生命健康的同时，为构建和谐社会贡献自己的力量。

目录/contents

第三章　赌博，让人越陷越深的旋涡

第四章　毒品，让人欲罢不能的毒药

第一章

认识黄、赌、毒

第一节　什么是"黄赌毒"

> "黄赌毒"是危害社会的顽疾，是需要避开的祸患。为了更好地防止人民群众遭受"黄赌毒"的危害，我国出台了一系列法律法规，用以处理"黄赌毒"问题。

"黄赌毒"是我国法律严令禁止的违法犯罪活动，也是政府严厉打击的违法犯罪活动。关于什么是"黄赌毒"，我国的法律也有比较明确的规定。

"黄"指的是具体描绘性行为或者露骨宣扬色情的书刊、影片、录像带、录音带、图片和其他淫秽物品，以及组织、强迫、引诱、容留、介绍他人卖淫嫖娼等违法犯罪活动。

"赌"指的是以营利为目的，开设赌场赌局、聚众赌博或者进行网上赌博的违法犯罪行为。

"毒"指的是走私、贩卖、运输、制造毒品和非法种植毒品原植物，以及吸食、注射毒品的违法犯罪活动。

我国的法律对"黄赌毒"的处罚作出了具体规定。《中华人民共和国治安管理处罚法》（以下简称《治安管理处罚法》）第六十八条规定："制作、运输、复制、出售、出租淫秽的书刊、图片、影片、音像制品等淫秽物品或者利用计算机信息网络、电话以及其他通讯工具传播淫秽信息的，处十日以上十五日以下拘留，可以并处三千元以下罚款；情节较轻的，处五日以下拘留或者五百元以下罚款。"《中华人民共和国刑法》（以下简称《刑法》）第三百六十四条规定："传播淫秽的书刊、影片、音像、图片或者其他淫秽物品，情节严重的，处二年以下有期徒刑、拘役或者管制……向不满十八周岁的未成年人传播淫秽物品的，从重处罚。"

《治安管理处罚法》第七十条规定："以营利为目的，为赌博提供条件的，或者参与赌博赌资较大的，处五日以下拘留或者五百元以下罚款；情节严重的，处十日以上十五日以下拘留，并处五百元以上三千元以下罚款。"《刑法》第三百零三条规定："以营利为目的，聚众赌博或者以赌博为业的，处三年以下有期徒刑、拘役或者管制，并处罚金；开设赌场的，处五年以下有期徒刑、拘役或者管制，并处罚金；情节严重的，处五年以上十年以下有期徒刑，并处罚金。"

《治安管理处罚法》第七十二条规定："有下列行为之一的，处十日以上十五日以下拘留，可以并处二千元以下罚款；情节较轻的，处五日以下拘留或者五百元以下罚款：（一）非法持有鸦片不满二百克、海洛因或者甲基苯丙胺不满十克或者其他少量毒品的；（二）向他人提供毒品的；（三）吸食、注射毒品的；（四）胁迫、欺骗医务人员开具麻醉药品、精神药品的。"《刑法》第三百四十八条规定："非法持有鸦片一千克以上、海洛因或者甲基苯丙胺五十克以上或者其他毒品数量大的，处七年以上有期徒刑或者无期徒刑，并处罚金；非法持有鸦片二百克以上不满一千克、海洛因或者甲基苯丙胺十克以上不满五十克或者其他毒品数量较大的，处三年以下有期徒刑、拘役或者管制，并处罚金；情节严重的，处三年以上七年以下有期徒刑，并处罚金。"

以上内容只是我国法律对"黄赌毒"相关人员的一部分处罚措施。对于其他涉及"黄赌毒"的行为，法律也作出了严厉规定。

这些涉及"黄赌毒"的行为，是青少年不可触碰的法律红线。由于自身认知不足，以及对法律常识了解不足，青少年比较容易沾染上"黄赌毒"，并越陷越深。因此青少年在学习书本知识的同时，应该多了解一些法律相关知识，这将会帮助青少年更好地抵御"黄赌毒"的诱惑与侵害。

第二节 "黄赌毒" 对青少年的危害

> "黄赌毒"对所有人都"一视同仁",它的"魔爪"会伸向任何人。"黄赌毒"对青少年的危害尤其大,主要是因为他们认知能力不足,抵御诱惑的能力较差,所以更容易被"黄赌毒"侵害。

"黄赌毒"对任何人都有影响,对任何人都有危害。不过,成年人因为知道它们的危害,再加上自制能力相对较强,所以大多数成年人都会避而远之;但青少年因为法律意识淡薄、认知能力不足、好奇心比较强,所以更容易被"黄赌毒"侵害。

青少年涉世未深,人生观、价值观与世界观正在形成的过程中,加之一些青少年过早接触社会,法治意识淡薄,对于"黄赌毒"的危害认识不足,将涉及"黄赌毒"的行为看作是游戏、消遣,导致沾染上了"黄赌毒"的恶习,并且越陷越深,无法自拔,最终走上了违法犯罪的道路。

　　一些青少年出于好奇，无意间接触到了"黄赌毒"，由于缺乏必要的教育与引导，陷入"黄赌毒"的旋涡之中。他们因为害怕被父母、老师责罚，所以不敢向父母、老师求助，时间一长，便深陷"黄赌毒"，无法自拔。还有一些青少年在朋友的引诱下，接触了"黄赌毒"。他们虽然知道"黄赌毒"的危害，但出于"兄弟情义"，碍于面子，依然甘于沦为"黄赌毒"的俘虏。

　　"黄赌毒"对青少年的危害很大，会影响青少年的人生观、价值观，危害他们的身心健康，诱使他们走上违法犯罪的道路。

　　"黄赌毒"是享乐主义、拜金主义和极端个人主义的产物，与中华民族勤俭节约、艰苦奋斗、自强不息的传统美德背道而驰。青少年一旦染上"黄赌毒"恶习，轻者玩物丧志、不思进取；重者丧失理智、破罐破摔，走向堕落。

　　"黄赌毒"危害青少年的身心健康。一些平台、软件利用涉黄信息博眼球、赚流量，有的社交软件中存在大量"污"表情，有的聊天群、社交平台发布涉黄图片、语音，诱导色情交易，这些不良内容很容易进入大多数青少年的视野。青少年正处在生长发育的关键阶段，他们的认识能力、自控力都比较弱，涉黄信息会对他们产

生不良影响，危害他们的身心健康；赌博由于久坐与精神高度集中、情绪高度紧张会导致心理失衡、精神衰弱，引发消化功能紊乱、腰肌损伤等其他病态反应；吸毒对人体的危害更大，会导致吸毒者神经、器官受损，出现嗜睡、感觉迟钝、产生幻觉、妄想等症状，交叉吸毒甚至会感染艾滋病等恶性传染病。

　　"黄赌毒"是诱发犯罪的温床。"黄"是性犯罪的一大诱因，"赌"是大案要案的导火索，"毒"是恶性案件的代名词。"黄赌毒"与青少年犯罪的关系日益密切，特别是网络"黄赌毒"在青少年犯罪中的催化剂作用已经为人们所知道。网络在传播有益信息的同时，也暗中传播着大量不良或有害的信息，例如充斥暴力的游戏、虚拟的交往角色、色情网站、赌博平台等，对青少年的心理和行为会产生很大的影响，极易导致青少年不道德行为和违法犯罪现象的增多。

第三节　"黄赌毒"对社会的危害

> "黄赌毒"不仅会危害青少年的健康成长，还会严重毒化社会，对社会主义法治建设和精神文明建设造成极大阻碍。在实现中华民族伟大复兴的过程中，"黄赌毒"是必须严厉打击并予以清除的。

"黄赌毒"的危害，有的会很快显现出来，有的则会在一段时间后突然爆发出来。比如，吸毒者在最开始吸毒时，并不会感受到多大的副作用，但在反复吸食几次之后，他们便会沾染强烈的毒瘾，一旦不吸毒，就会浑身不自在，与此同时身体各个器官也会出现各种问题，长期吸毒甚至会导致死亡。

赌博也是一样，最初赌博时多从"小赌"开始，因为涉及金额不大，参赌人对输赢也不会太过在意。但在多次涉赌之后，赢钱的想要赢得更多，便会成倍增加赌注；输钱的想要一次回本，更会增加赌注。最终，参赌人不仅会输得倾家荡产，甚至还会欠上一笔很难还清的赌债。

"黄赌毒"对社会的危害也十分巨大。那些陷入"黄赌毒"旋涡中的人，有的是工作稳定的工人，有的是教书育人的高校教师，有的是业务出众的白领精英。他们原本都是构建和谐社会的重要力量，但"黄赌毒"摧毁了他们的人生，使他们坠入了深渊，导致他们非但不能继续为社会做贡献，国家和社会还得投入人力、物力去平衡由此带来的社会的不稳定。

沾染"黄赌毒"的人，较少会涉及单一的违法犯罪行为，多数都会黄、赌、毒俱全，更有甚者，还会涉及偷、抢、骗等违法行为。很多人都是因为沾染了"黄赌毒"，需要金钱去满足自己的恶欲，最终走上了盗窃、抢劫、诈骗、勒索的道路。走上违法犯罪道路的人越多，整个社会的秩序就会越混乱。可以说，"黄赌毒"是扰乱社会秩序的"罪魁祸首"。

除了扰乱社会秩序之外，"黄赌毒"还会污染整个社会的风气。若让这样的社会风气盛行，那么勤劳勇敢、诚实守信的美德将不再存在，好逸恶劳、得过且过的心态将成为主流。如果那样，社会上将会出现各种各样的道德问题，是非曲直、黑白对错也都将会被颠倒。

其实，"黄赌毒"对社会的危害，主要还是体现在

对青少年的影响上。如果一个社会中"黄赌毒"风气盛行，那么成长于其中的青少年必会受到毒害。这些未来支撑国家发展的青少年若是误入歧途，对国家来说将是巨大的损失。

基于此，我国始终采取对"黄赌毒"零容忍的态度，发现一例处置一例，发现一起解决一起。相比于20世纪末，现在我国的社会秩序已经得到了极大改善，与"黄赌毒"有关的违法犯罪行为也大大减少。相信在国家有关部门的进一步打击下，"黄赌毒"违法犯罪活动将会得到更为有效的整治。

第四节　国家对"黄赌毒"的打击

为了更好地打击"黄赌毒"违法犯罪活动，我国出台了一系列法律法规，并开展了很多有针对性的打击活动。这些打击"黄赌毒"的活动，既打击了违法犯罪分子的嚣张气焰，也为青少年成长创造了良好的社会环境。

我国对"黄赌毒"严令禁止，近些年来更是屡次开展大规模行动，打击"黄赌毒"违法犯罪行为。在公安机关破获的"黄赌毒"案件中，有很多犯罪嫌疑人都是青少年，而这些青少年之所以会触碰到法律红线，多是因为对"黄赌毒"危害认识不清，法律意识淡薄。

在一起贩卖传播淫秽物品牟利案中，未成年人贾某利用网盘存储大量淫秽视频，然后通过社交软件进行传播售卖。在不到一年的时间里，贾某为牟取个人私利，通过 QQ、微信、网盘等工具贩卖淫秽视频数百部，严重触犯了法律。最终，贾某因贩卖传播淫秽物品被公安机关抓获，等待着他的将是法律的严惩。

据贾某交代，最初他只是将淫秽视频发送给朋友，并没打算靠这种方式牟利。但后来，在一些非法网站上，看到有人兜售淫秽视频，便觉得自己也可以依靠这种方式赚钱。于是，他便开始贩卖淫秽视频，一次、两次没有出事，他的胆子便大了起来，开始肆无忌惮地兜售淫秽视频。事实上，他的违法行为根本逃不过公安机关的监管，最终在一次"扫黄打非"行动中，贾某落入了法网。

不单单涉黄违法犯罪行为，涉赌、涉毒违法犯罪行为，都是国家打击的重点。一些人抱着侥幸心理，涉赌、涉毒，觉得一次、两次没被发现，便肆意妄为起来，殊不知，这既是在伤害自己，也是在欺骗自己。要知道只要进行了违法犯罪活动，就难逃法律的制裁。

在查处"黄赌毒"违法犯罪行为的过程中，公安机关发现许多黑恶势力都与"黄赌毒"有着密不可分的关系。黑恶势力通过"黄赌毒"引诱、操纵未成年人，使他们沦为黑恶势力帮凶的现象，在多起案例中都有出现。近年来，全国各地都在加大力度打击黑恶势力犯罪，其目的就是还人民群众一个安全和谐的生活环境。黑恶势力得到根除，"黄赌毒"违法犯罪行为也会在一定程度上得到整治。

为了保障青少年健康成长，公安部组织执法力量定期检查校园周边重点市场点位，集中清理夹杂"黄赌毒"、宣扬邪教迷信等有害内容的出版物；深层清理网上对未成年人具有诱导性的不良内容，连续多年组织全国公安机关开展"净网""护苗""秋风"等专项行动；严打突出的网络黑产、网络赌博、网络淫秽色情、网上虚假信息等违法犯罪行为，坚持出重拳、破案件、除团伙。其中仅"净网"行动一项，自 2018 年至 2022 年的 5 年中，就侦破各类网络犯罪案件 25.5 万起，抓获犯罪嫌疑人 38.5 万名。

公安部始终保持对"黄赌毒"以及相关的网络违法犯罪的高压严打态势，不断净化网络生态，同时深入整治校园周边环境，为青少年的健康成长保驾护航。

第二章
青少年要远离色情

第一节　什么是色情

色情是指通过不良的文字、图片、音频、视频等引导方式，让观看者产生性兴趣或性冲动的负面事物。如今科技在不断发展，但也为那些会产生不良影响的事物提供了更多的传播渠道。所以，青少年要明确什么是色情，并且远离色情。

在出入国门的时候所有人都要经历一个流程，那就是过海关。海关的主要职责是对出入境人员携带的随身物品进行检查，如果携带的随身物品中有违禁品，就可能构成犯罪。在这些违禁品中，其中一类就是色情淫秽物品，从国外走私色情淫秽物品是我国色情淫秽物品的主要来源之一。

色情淫秽物品的种类有很多，包括但不仅限于：淫秽光碟、淫秽图片、淫秽书刊以及其他淫秽物品。或许大家会觉得走私违禁品，离我们普通人很遥远，因为这些东西好像不是我们可以随便接触到的，可现实却并不是这样。一些不法分子为了牟取利益，会不顾及国家法律，私自复制充斥色情内容的书籍、影音制品，这些东西通常会出现在一些偏僻老旧的书店或者音像店内。如果青少年因为好奇心理去接触这些东西，就会落入一个巨大的色情圈套中。

讲到这里，大家可能会认为只要远离色情影音、杂志、图片就可以确保不受到那些不良事物的影响，但在互联网时代的今天，色情淫秽内容的传播方式也在不断"与时俱进"。相信大家在上网的时候都遇到过这样的事：正在浏览网页的时候，突然屏幕上就跳出了一些小窗口，这些小窗口中的画面或者文字有些充满了挑逗意味，有些则是非常露骨，直接暴露出男性及女性的私密部位。这些小窗口就是为了引诱大家点开窗口或者链接，然后传播更多的色情内容。

以上所说的都是一些比较直接的传播色情淫秽内容的方式，因此很容易被发现和打击，于是狡猾的不法分子开始"另辟蹊径"，让这些造成不良影响的内容以另一种方式在网络上传播，最常见的就是各类社交平台或者短视频中穿着暴露、动作充满性暗示的"擦边球"行为，往往这类视频下的评论区都充满了污言秽语。这种"擦边球"行为对心智尚未成熟的青少年，

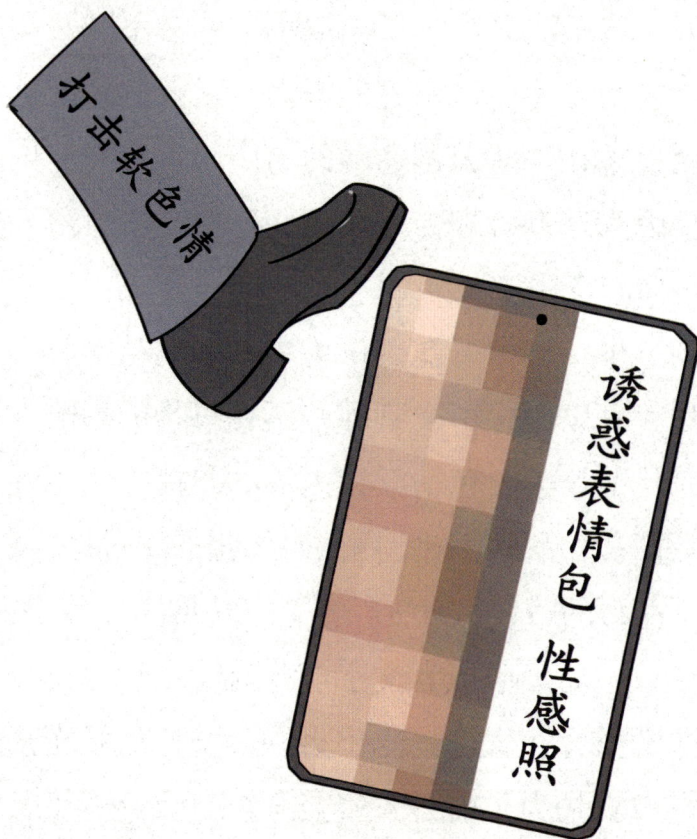

无疑具有极强的不良引导性，这类色情内容，我们称之为"软色情"。而且根据分析，这些"软色情"牟取利益的方式从线上延伸到了线下，于是就出现了一种非法的灰色交易链。

当然，"软色情"的产出者不仅仅是女性，许多男性为了博取眼球和利益也加入了这一行列。其中一些男性不仅穿着充满性暗示，甚至还会在视频中做出一些不雅、下流的动作或表情，这都是一种极为不良的引诱行为。

　　在这个"繁花渐欲迷人眼"的网络时代，色情淫秽内容逐渐以更为隐晦的形式，通过各种渠道渗透到我们的生活。因此，对色情内容有正确的认识，能够及时从良莠不齐的信息中辨别好坏，对青少年来说尤为重要。

第二节　色情对青少年的危害

2018 年 12 月 1 日起，我国正式施行《"扫黄打非"工作举报奖励办法》，可见国家对色情淫秽信息的坚决打击态度。这是因为色情淫秽信息对人们的身心健康和社会文化都有着极大危害，对青少年来说更是一种精神荼毒。

青少年是国家和民族的未来与希望，国家和社会对他们的成长都给予了十足的关心与重视。在青少年的成长过程中不仅需要培养他们的能力，精神层面的正向引导其实更为重要。因为涉世未深的青少年十分容易受到色情信息的诱惑，从而影响身心健康。

在很多年前，那些开在小巷子里的发廊、酒吧、舞厅、溜冰场等都被贴着"色情场所"的标签。可在这些场所中放纵欲望的并不只有成年人，新闻中就曾报道过多起未成年人被引诱进入色情场所的事件。一些青少年由于意志力薄弱，加上好奇心的驱动，在尝试后，往往就会一发不可收拾，久而久之便坠入了堕落的深渊。

　　不过也有与之相反的，有些性格较为内敛的孩子在观看了色情内容后会产生深深的自责，认为自己产生了性行为，或者认为通过音频、书籍等其他方式观看了"不该看"的东西是一件很肮脏的事，进而产生自卑心理，这种心理通常会伴随至成年，从而使之在将来无法建立健康的两性关系。

色情对青少年最大也是最严重的危害——性犯罪。性犯罪包括强奸、强制猥亵、侮辱妇女以及组织、强迫卖淫等。这当中的每一桩罪行在我们常人看来都是十分可憎的，但是如果在这些罪行前加上"青少年"三个字，恐怕大家会在愤恨的同时，心里又有些五味杂陈。

事实上，近些年性犯罪人员中的青少年人数在逐渐升高，这不得不引发我们的深思，究竟是什么促使青少年进行性犯罪的人数在不断增加？其实答案就是色情淫秽信息。在露骨的色情信息刺激下，青少年自然容易产生性冲动，而且许多色情影片或者图书又将性行为以一种暴力的方式赤裸裸地呈现在观看者面前，这种以性暴力来展现"征服力"的方式，很容易让那些意志力薄弱的青少年对此产生认同感，甚至盲目模仿。

青少年能通过强制性的性行为征服的对象，大多就是比他们柔弱的女性，或者幼童。这些被色情信息蛊惑的青少年，失去了正确的判断力，他们以性暴力来征服弱者，以此达到性欲和心理上的满足，殊不知他们的这种行为会将自己和受害者都推入痛苦的深渊。可见，色情淫秽信息不仅会摧毁犯罪者本身，更是会给受害者带来难以磨灭的伤痛。

色情淫秽信息的危害是巨大的，它不仅会让思想尚未成熟的青少年在人格上造成缺失，甚至还有可能因为道德观念产生偏差而走上违法犯罪的道路，而且这种对身心造成的恶性伤害，无疑会让青少年以及他们的家人都非常痛苦。

第三节 神出鬼没的网络色情

在互联网飞速发展的今天，我们获取知识和信息变得越来越便捷，这也为不良信息的传播提供了更加便利的通道。如今，网络色情已经成为影响青少年健康成长的不利因素之一。

近年来，我们常常在新闻中看到有关"净网"行动的报道。除此之外，全国的"扫黄打非"和"护苗"、"育苗"行动也在如火如荼地进行。只有让网络世界变得洁净，才能有效地维护国家的文化安全和文化市场秩序，才能保障青少年的健康成长。

如今，网络成了青少年在学习过程中必不可少的一种工具。客观来讲，青少年确实能够通过网络学到很多有用的知识。但是，在网络世界形形色色的信息中，大量的色情内容也混杂其中，影响青少年的健康成长。

现在，青少年很少能在正常浏览网页时看到明目张胆的色情信息，但是一些不健康的内容在网络上还是存在。尽管许多网络平台都新增了青少年模式，但是这项技术仍然存在着漏洞，青少年还是能在一些网站上看到色情文字和图片。

除此之外，前面提到的"软色情"，则是网络色情中的"主力军"，而其中最具有代表性的就是一些短视频平台发布的内容。视频中不论男女都在着装、行为以

及文案中进行着性暗示，在获得一定流量后，许多人还会转战直播，通过低俗表演或者言语来获取巨额打赏，甚至发展到在线下进行色情交易。

随着网络游戏的兴起，出现了"陪玩"这一新型网络色情形式。这种有偿的陪伴服务不仅限于游戏中，一些女性"陪玩"甚至会提供"开视频裸聊"等色情服务。当然，这些"福利"是需要额外支付费用的。虽然各大平台都在严打涉黄内容，但这条"产业链"显然已经在暗中形成。

我们都知道，很多网络游戏的受众是青少年，而许多平台为了自己的利益，却对这种色情内容选择"睁一只眼闭一只眼"，甚至对于部分"陪玩"利用色情信息引诱青少年大笔消费的行为，也是视而不见。这样的做法是对网络色情污染社会风气的纵容，没有尽到维护网络健康的社会责任。

当然，网络中的色情陷阱还有很多，一些见利忘义之人为了躲避相关部门的监察和整顿，不断地将网络色情这一黑灰色产业进行重新包装和花样翻新，使得网络色情的传播更广、影响更大，让人防不胜防。因此，青少年在网络中拥有辨别色情信息的能力就显得十分重要，社会也应加强对网络色情的打击力度。"净网"行动和"护苗"、"育苗"行动就是为了净化网络环境，给成长中的青少年提供一个绿色的网络世界，同时也为这些"幼苗"的身心健康提供坚实的防护与保障。

第四节　色情也会让人上瘾

"色情上瘾"一词在大多数青少年看来不仅难以启齿，而且还会觉得不可思议，但长期观看色情淫秽内容的确会让人上瘾。沉迷于网络色情或色情书刊就是一种"色情上瘾"。

人们在闻到喜欢的味道或吃到喜欢的东西时常常会说："这味道真让人上瘾。"可如果将"上瘾"这个词往不好的方面联想，大多数人会想到的是网瘾、毒瘾。同样，沉迷于色情也是一种上瘾。

我们不难从烟瘾、酒瘾、毒瘾、网瘾和赌瘾中发现它们的共同之处，那就是烟、酒、毒品、网络和赌博都具有一定的刺激性，其实色情也一样，它通过视听等方式来刺激人的神经。或许有些人会不理解，甚至有些人会说，也不是所有看过一些色情内容的人都会上瘾。

的确如此，毕竟烟、酒也不会使所有人都上瘾，但对于意志力薄弱或者心理正处于不健康状态的人就很容易被"趁虚而入"，从而对这种刺激物产生依赖。大家应该都听过一个叫多巴胺的词，人的神经在受到刺激的时候大脑就会分泌出这种叫多巴胺的物质，其主要负责大脑中的情欲，它的主要作用就是把兴奋和快乐的信息在人脑中进行传递，所以人们会对某些事物上瘾就是因为这种物质。

多巴胺被称作"大脑的奖励中心"。当人们在观看色情影片或浏览其他色情信息时，大脑就会分泌出多巴胺，这将使人在之后的一段时间内感觉精神振奋，但随着这种"奖励性"的快感逐渐消失，一种怅然若失的感觉就会浮上心头，甚至还有人会感到不安和烦躁。于是，为了缓解这种糟糕的状态，他们就会继续寻求刺激，让自己长期沉浸在这种虚幻的欢愉中无法自拔，从而上瘾。

不过更可怕的是随着时间的推移，观看普通的色情影片等带来的刺激将不再能满足人的需求，就跟赌博越赌越大，吸毒越吸越多一样，色情上瘾后，普通的色情影片或者图画文字将不再有效，上瘾者需要更大的刺激才能获得与之前相同的快感，而这就会导致长期沉迷色情的人变得比之前更加极端。

于是他们为了满足因上瘾而越发膨胀的欲望，往往会不断寻求色情刺激，而一些刺激往往是以违背道德和法律的性暴力方式来呈现的。当上瘾者的欲望得不到满足时，他们的精神和心理上就会出现问题。并且，长期寻求色情刺激会导致上瘾者在心理上认同性暴力，这无疑是法律意识的淡薄，长此以往极有可能引发性犯罪。

当然，色情上瘾除了会对心理产生不良影响，也会对生理造成很大的伤害。近年来的调查显示，因为网络色情的盛行和广泛传播，色情上瘾的人数越来越多，导致身体出现问题的人数也在呈上升之势。这是因为人体内的多巴胺是有限的，过度消耗就会使得人的体能和精神下降，身体机能自然就会出现问题。

说到底，上瘾就是一种对快感的贪恋，虽然人类有欲望是一件很正常的事，但学会控制欲望更是一项重要的必备能力。青少年的身心都正处在生长发育阶段，自控能力又比较薄弱，因此一定要自觉远离各种色情信息。

第五节　色情与艾滋病

如今，提到"艾滋病"，还是有不少人会脸色一变。因为，在多数人的认知里，艾滋病是一种极其可怕的传染病。在科学的引导下，我们应该正确地看待艾滋病，同时也要谨防艾滋病的传播和感染。

每年的 12 月 1 日被世界卫生组织定为世界艾滋病日，其目的是提高人们对艾滋病的认识，宣传并普及有关艾滋病的知识。对于青少年来说，只有对艾滋病有了正确的认识，才能有效预防与抗击艾滋病，并尊重艾滋病患者。

艾滋病是感染艾滋病病毒 HIV 所引起的。HIV 是一种能攻击人体免疫系统的病毒，其主要传染方式有 3 种：血液传播（包括和患病者共用针头）、母婴传播以及性接触传播。因此在许多人看来，艾滋病就是一种与性行为相关联的"脏病"，这种狭隘的思想导致了艾滋病患者在社会生活中饱受歧视。但是，经过深入的了解，我们知道事实并非如此，这种歧视对于感染艾滋病病毒者或者先天携带病毒者是非常不公平的。

实际上，与艾滋病患者进行正常的肢体接触，包括一起用餐、握手都不会感染上艾滋病，而且通过正规渠道献血、抽血也不会出现因针头反复使用导致病毒传染的情况。可为什么在大众心里，艾滋病仍然是一种可怕的疾病呢？首先，艾滋病虽然可以预防和治疗，但是就现在的医疗水平来说是无法治愈的，一旦患病将需要终生服用抗病毒药物，否则一旦停止服药就容易复发；其次，艾滋病之所以会引起人们的偏见，是因为它大多源于色情行业。

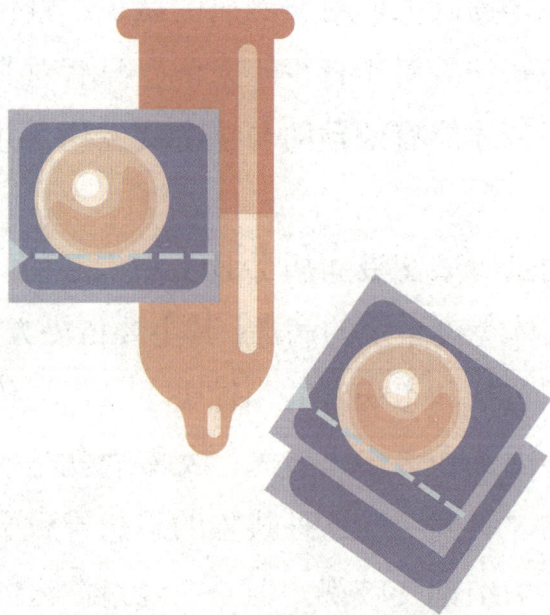

在色情业繁荣的国家和地区，艾滋病的蔓延速度更快。2002 年世界卫生组织发布了一项关于泰国艾滋病和性传播感染的统计报告，报告中的数据显示，通过异性性生活而感染上艾滋病病毒的患者占了调查总人数的百分之八十以上，而导致这一结果的罪魁祸首就是泰国泛滥的色情业。

在长期出入色情场所的人员中，吸毒者的占比也是很高的，甚至许多色情服务者也是吸毒者。根据报告数据可以看出，吸毒已然成为艾滋病在我国快速蔓延的元凶，吸毒者患上艾滋病大多数都是通过静脉注射。

这些感染上艾滋病的吸毒者在色情场所中进行不法性交易时，极有可能将艾滋病病毒传染给其他人，然后再由被感染者传染给其他人。这种传播方式光是想想都让人感到不寒而栗，可见色情行业中传染艾滋病的风险很高。

如今虽然国家在严厉打击色情行业，但牟利者仍在暗中偷偷经营，部分娱乐场所以及高级会所依然存在色情服务交易，这些地方充斥着性病和犯罪。更有漠视法律者为了牟取利益，诱骗青少年步入歧途，最终使得他们的身心都受到了巨大伤害。

因此，对于青少年来说，避免感染艾滋病的最好方法就是：避免不必要的输血、避免注射违禁药品、远离色情场所洁身自好。当然，也要加强自我保护意识，不要因为没能经受住诱惑而步入万劫不复的深渊，最终使得有限的青春充满无限的悔恨。

第六节　性教育并不是色情

性教育是涉及生理、心理、社会等多个层面，且与性问题相关的教育。性教育对于每一个人的成长都有着重要的意义。青少年接受科学全面的性教育，对于他们未来的身心健康和价值观建立都有积极作用。

当今社会的一些人还是谈"性"色变，认为将"性"这一相对私密的话题赤裸裸地讲出来似乎让人觉得难以启齿。其实，性教育的相关内容是很广泛的，除了生理方面，性教育在建立认知、情感等多个方面都具有重要意义。

处于青春期的青少年之所以羞于谈"性"，是因为他们常常误将"性"与"色情"画上了等号，认为谈及"性"就是在说一些色情的东西。其实不然，从最浅显的部分来说，了解自己的生理构造、男生女生间的生理差异是一件很正常，并且很有必要的事情。

　　近年来，我们常常看到男童女童遭受性猥亵甚至是性侵的新闻报道，这和性教育的缺失也有一定的关系。性教育在教给大家生理健康知识的同时，也能让大家对性侵害行为以及性骚扰行为有清晰的认识，从而提升自我保护意识。因此，性教育非但没有任何色情色彩，甚至还是预防性犯罪、保护幼童及青少年的有力武器。

　　其实，广义的性教育包括了性心理卫生、性道德、性伦理等，接受性教育是青少年在青春期乃至成年后能开启幸福人生的关键。性道德、性伦理教育在青少年的

性教育手册

认知发展中起着十分重要的作用。在色情信息传播途径多样化的今天，许多青少年如果没有接受过系统的性教育，那么很有可能最早的对性的认识就是通过色情信息开始的，但是通过色情信息了解到的性知识是不科学的。一些青少年甚至会模仿或者认同色情内容中的不良情节和扭曲的性观念，导致在遇到情感问题时不能正确面对和处理。

虽然通过性教育，我们知道性冲动是一种正常的生理现象，但如果缺乏了性道德的教育，一些青少年就容易放纵这种生理欲望，让"性"变得随意。在没有性道德观念的约束下，这种随意可能会被"美化"为人类的"自由"和"解放"，但这种随意的性观念其实是扭曲的，这对青少年的人生观、价值观都将带来不良冲击。

《中华人民共和国未成年人保护法》（以下简称《未成年人保护法》）中明确规定，所有学校都应对各个年龄阶段的未成年人开展适合的性教育，这是国家保护未成年人身心健康的措施。因此性教育绝不应该被污名化，它和色情没有任何关联。不过性教育并不是一蹴而就的，只在学校里对青少年进行性教育显然是不够的，这是一项需要家庭、学校以及全社会共同承担的责任。

良好的性教育不仅能增强青少年的自我保护意识，

预防性侵害，还能提高他们的自尊心和自信心，并且将
在很大程度上确保被教育者在成年后树立正确的人生
观、价值观，拥有幸福健康的人生。

第七节　青少年要远离娱乐场所

娱乐场所是指那些以营利为目的，经营对公众开放的娱乐项目的场所。娱乐场所的客户群体十分广泛，但通常来说，不允许未成年人进入。这是因为娱乐场所内部环境复杂，一些娱乐场所内甚至还存在色情交易，所以青少年要远离娱乐场所。

我国各地在对网络环境进行净化的同时，线下的"扫黄打非"行动也在持续进行。在全国各地扫黄专项小组的共同努力下，对色情娱乐场所给予了有力的打击，色情违法犯罪活动得到了有效整治。

国家之所以会如此重视这项工作，是因为线下色情活动和网络色情信息一样，都会对社会造成极大的危害。扫黄的意义就在于维护社会治安，保障人民的身心健康，以及减少和防止相关的犯罪。在娱乐场所的色情犯罪活动中，任何人都可能成为受害者，同样也极有可能成为实施犯罪行为的犯罪者。

现代社会常见的娱乐场所多为夜总会、KTV、酒吧、网吧、洗浴中心等，这些场所对于一些青少年来说仿佛就是潘多拉魔盒一样的存在，对他们有着巨大的吸引力。身心尚未成熟的青少年对成人的世界充满了向往，却又没有正确的认知，于是这些看似"酷炫"的娱乐场所也会让青少年产生极强的好奇心。

虽然不是所有的娱乐场所都一定经营着黑灰色产业，但从被查处的涉黄娱乐场所来看，确实存在着许多管理松散、混乱的酒吧、KTV、夜总会等。因此，缺乏辨别能力的青少年远离娱乐场所是最正确的选择，因为一旦踏入这扇"大门"，青少年将面临的可能就是各种陷阱。

《未成年人保护法》第五十八条规定："学校、幼儿园周边不得设置营业性歌舞娱乐场所、酒吧、互联网上网服务营业场所等不适宜未成年人活动的场所。营业性歌舞娱乐场所、酒吧、互联网上网服务营业场所等不适宜未成年人活动场所的经营者，不得允许未成年人进入……经营者应当在显著位置设置未成年人禁入、限入标志；对难以判明是否是未成年人的，应当要求其出示身份证件。"网吧、KTV、酒吧等娱乐场所，都是不允许未成年人进入的，未成年人正处于生长发育阶段，涉足娱乐场所会影响正确人生观和价值观的形成，失去自我控制能力，容易滋生事端，诱发各种违法犯罪行为，严重影响身心健康！

娱乐场所要深入学习《未成年人保护法》，加强行业自律，提高认识，严格遵守相关法律法规，严禁未成年人进入。行业主管部门要深入落实党中央、国务院《关于进一步净化社会文化环境促进未成年人健康成长的若干意见》《未成年人保护法》《娱乐行业管理条例》等法律法规，持续开展网络淫秽色情等违法有害信息专项整治活动，大力净化社会文化环境，整治网吧、网络、视频、出版物市场和学校周边环境，坚决遏制淫秽色情等违法有害信息的传播，营造有利于未成年人健康成长的良好社会文化环境。

家长要致力于营造和谐、文明、和睦的家庭环境，为未成年人提供有益的网络设备和环境，积极引导其对网络的文明使用。加强未成年人自律教育，协助未成年人合理规划课余活动时间，严格管控上网时间和浏览内容，鼓励孩子参加适合未成年人的文体娱乐活动。学校、社区要为未成年人提供形式多样的课余活动空间，引导未成年人合理分配时间，积极参与社会活动、体育活动和文化休闲活动，促进未成年人德智体美劳全面发展。

　　青少年应该加强道德素养，学习法律常识，增强自我保护意识，深刻认识娱乐场所对于青少年的危害，远离存在潜在危险的娱乐场所，积极向上，阳光面对生活！

第八节　如何远离色情信息

随着手机和网络的发展和普及，包括色情信息在内的各种垃圾信息逐渐增多。这些不良信息是青少年成长过程中的"毒瘤"，因此远离这些不良信息就成了未成年人的一门"必修课"。

如今我们走在街上，或者坐在公共交通工具上，不难发现身边的大多数人都是"低头族"。随着手机上网越来越便捷，应用功能越来越多样化，手机已经成为绝大多数人不能缺少的生活必备品，这其中也包括许多在校学生。

然而，手机上网在给人们的生活带来便利的同时，也让青少年接触到不良信息的可能性提高了。青少年能通过智能手机的上网功能快速获取与学习相关的知识，但在上网过程中也难保不会被一些"奇怪"的网站所吸引，而这些网站为了获取利益，故意发布色情信息来引起青少年的好奇心。

中国青少年研究中心发布的一项调查报告显示，我国有约半数的青少年曾接触过色情网站。可见网络色情信息的传播之广，而青少年正是这种色情信息广泛传播下最大的受害者。这些色情信息是一种精神污染，青少年一旦沉迷其中就会严重影响生理和心理健康，并且还可能会影响学业，甚至诱使他们走上犯罪的道路。

青少年只有远离色情信息，才能避免色情信息对其造成不良影响。不过，以现今网络的覆盖程度来看，完全远离网络似乎并不太可能，毕竟现在我们大多数人获取资讯的主要渠道就是网络，就算安装了不良信息拦截软件也无法做到百分百的过滤和拦截。青少年要远离色情信息，需要从以下几点着手。

首先，青少年要学会控制自己的行为。处于青春期会产生性冲动是一件很正常的事，但是我们应该选择健康的排解方式，例如进行体育运动或者做一些其他感兴趣的事；在无聊的时候，不要在网络上搜索不良信息，不要翻阅色情印刷制品。为了避免无聊，应该为自己制订有效的生活、学习计划，充实自己的课余生活。

其次，学校和家长应该多关心青少年的身心健康和人格发展，对他们进行正向的性教育和心理指导，增强其自信心和自尊心；学校和社区要多开展有益于青少年身心健康的各种活动，让他们在此过程中体验健康的愉悦，从而远离不良网络信息的毒害。

最后，相关政府部门要严把"内容关""技术关""管理关"，加强对色情信息的管控，阻断色情信息传播的渠道。同时还要实行上网实名制认证，师生访问网络需进行一人一账号的实名认证，实现网络用户的统一认证管理。这样不仅可以防止一些不具备合法身份的人员使用校园网，而且可以通过相关日志信息追查网上非法行为，杜绝浏览和传播不良信息的行为。

如今，网络已经成为学生重要的学习工具。因此，需从根本上加强网络内容建设，完善学习和教学资源，丰富在线课程，更好地服务于学生。要加强青少年对网络信息的理性认识，对他们进行信息技术教育培训，提高他们抵御和处置不良信息的能力。

第九节 身边有人沉迷色情怎么办

因为色情信息所带来的不良影响辐射范围极广，如果想生活在一个更加健康的社会大环境中，那就需要尽可能让身边的人都摆脱色情这一精神污染。

处于青春期的青少年常常会聚在一起，讨论一些流行话题，而部分青少年之间除了会讨论游戏外，可能还会和伙伴们分享自己的"新奇发现"——色情信息，更有甚者还会将不良网站分享给自己的伙伴。一些青少年在好奇心的驱使下，会选择登录不法网站观看色情影片，久而久之就会沉迷其中。

我们在前面提到，人们之所以会对色情上瘾是因为神经在接受视听刺激时，大脑中会分泌多巴胺，人们会因此产生快感，但长此以往也会形成依赖。如果对色情产生了依赖并且沉迷其中，那么身心都将受到严重的侵害。作为青少年，如果我们发现身边有人沉迷色情无法自拔，应该怎么做呢？

　　首先，我们应该坚定立场，明辨是非，避免被沉迷者带偏思想。在坚持自己立场的同时，也应该用正确的眼光看待这些沉迷者，做到不歧视、不嘲讽。因为很多未成年人虽然沉迷色情，无法控制自己的欲望和行为，但实际上会产生自责和自卑心理，如果这时候再对其加以非议和指责，可能会使之加重心理负担。

　　其次，发现身边的朋友沉迷色情后，我们应该告知他们沉迷其中的危害。因为沉迷色情而导致的精神萎靡不振，会使其在课堂上无法集中精神，而这引发的直接后果就是无心学习，成绩下降。但是许多老师和家长并不清楚其成绩下滑的原因，在这种情况下，可能会引来指责甚至是打骂。这还不算是最直接的危害，沉迷色情带来的直接伤害会作用于身体上，未成年人在色情信息的刺激下，甚至会引发心理和生理疾病。

　　最后，对于身边沉迷于色情的青少年朋友，我们应该对他们进行正确的引导。正如"大禹治水疏而不堵"的道理，一味强制性戒除最后可能会产生适得其反的效果，而能真正戒除色情上瘾的办法就是转移其关注的重心。色情上瘾其实和网瘾、赌瘾一样，很大程度上是一种对现实的逃避，沉迷者在进行这类活动时会暂时忘记现实生活中的压力或痛苦。因此，如果想让沉迷者回归现实，我们就应该帮助他们打造一个健康的生活环境。比如，带领他们多多参与集体活动，发现生活中的美好事物；或者鼓励他们培养一个兴趣爱好；或者学习一项新技能，这样在空闲之余就有"正事"可做，并且还能在学习新技能的过程中产生成就感，增强自我认同。当然，如果情况允许，也可以将其情况告知家长或老师。而家长或老师在这时需要做的就是减轻其生活和学习上的压力，让青少年不再需要通过沉迷色情来获取短暂的快乐。

总而言之，当我们身边有人沉迷于色情中时，我们先要端正自己的思想，坚守自己的底线和立场，在与之交往的过程中保持正确的态度，并对他们进行正确的引导，如果以上方式不奏效则需要通过老师或家长的协助来使之回归正常的生活。

第三章
赌博，让人越陷越深的旋涡

第一节 什么是赌博

最早的赌博是一种消磨时间的娱乐方式，但发展到现代，赌博已经变成与吸毒不相上下的危害人类幸福、影响社会稳定的违法犯罪行为。

赌博，即通过斗牌、掷色子等形式，拿有价值的东西做筹码来比输赢的游戏。《刑法》第三百零三条规定："以营利为目的，聚众赌博或者以赌博为业的，处三年以下有期徒刑、拘役或者管制，并处罚金。开设赌场的，处五年以下有期徒刑、拘役或者管制，并处罚金；情节严重的，处五年以上十年以下有期徒刑，并处罚金。组织中华人民共和国公民参与国（境）外赌博，数额巨大或者有其他严重情节的，依照前款的规定处罚。"

我们从这一规定中可以发现，赌博的基本特征在于"以营利为目的"，也就是说以娱乐为主的赌博性行为，并不会触犯刑法。但不触犯刑法，并不代表这些行为是合法的，因为《治安管理处罚法》第七十条规定："以营利为目的，为赌博提供条件的，或者参与赌博赌资较大的，处五日以下拘留或者五百元以下罚款；情节严重的，处十日以上十五日以下拘留，并处五百元以上三千元以下罚款。"所以说，只要是涉及赌博，即使是小赌，也需要承担相应的法律责任。

无论使用何种赌具，无论是在线下还是在网上，只要用有价值的东西做筹码进行比输赢的游戏，就属于赌博。对于赌博，青少年要不围观、不参赌、不聚赌。

　　有人认为小赌可以放松身心，调节情绪，消解压力，适当参与一下，也有益无害。"小赌怡情"这一说法真的有道理吗？其实不然，小赌、大赌都是赌，很多大赌都是从小赌发展来的，沉迷于小赌的人，很可能会走向大赌的深渊。一般情况下，人们会用赌资的大小来区分小赌与大赌。一次赌几块钱、十几块钱、几十块钱的，属于小赌；一次赌几百块钱、上千块钱的，属于大赌。这种区分小赌与大赌的方法并没有什么法律依据。即使是一次几块钱的赌博，沉迷于其中，也能输光家底，这时候我们该称这种赌博为小赌还是大赌呢？

　　从性质上来说，小赌与大赌并没有什么本质区别，赌就是赌，并没有大小之分。在赌博中，赢了的人还想继续赢，输了的人则想逆风翻盘。人们沉迷于其中时，小赌亦会变成大赌，到那时，再说什么"怡情""养性"，也都为时已晚了。

　　参与赌博的人，大多抱着赢钱、发财的心态，想要依靠自己的运气、赌技，来实现财富自由。在这种心态下，小赌与大赌对他们而言，其实并没有什么本质的区别。当觉得自己手中的赌资有极大可能收获数倍回报时，他们便会倾尽所有，去追求最高收益。如果成功获得这笔收益，那他们便会信心大增，继续追加赌注，以期获得更高收益。

久而久之，原本只是被当成娱乐游戏的小赌局，转身就变成了赌无上限的大赌局。如果这些人又凭借"运气"在大赌局上赢到了钱，那他们就会更加相信自己的赌技，继续追求"进步"。这样做的结果会怎样呢？很少有人能在赌桌上赚得盆满钵满，因为坐上赌桌的人对金钱的欲望是没有上限的。

在青少年身边，除了那些屡见不鲜的赌博外，在一些新型的娱乐游戏中，也暗含"赌的成分"。比如，在一些学校周边的商店中，有一种名为"现金大派送"的游戏，商家在纸板上端粘贴5元、10元的人民币，下面则粘贴着用来抽奖的卡通贴纸，只要谁能集齐所有卡通贴纸，就能获得相应现金。

一些小学生对这种游戏非常感兴趣，但是即使将零花钱都用来抽奖，把卡通贴纸都买光，也很少有人能抽中现金奖。其实，这些用来抽奖的贴纸大多都是商家自己制作的，中奖的概率非常小，有的根本就不会中奖。这也是为什么有的小学生将所有奖都抽完，却依然无法集齐所有贴纸。

这种小型抽奖游戏其实就是一种"赌"，只要几毛钱就可以抽一次，应该算是"小赌"。但如果沉迷其中，就可能花光所有零花钱。在一场毫无公平可言的赌局中，参赌人永远都是输家，所以，青少年应该远离赌博，勿以"赌"小而为之。

第二节　常见的赌博形式有哪些

现代的赌博形式多样，既有隐藏在街巷角落中的休闲游戏赌博，又有横行于互联网之中的网络赌博。虽然形式各异，但作为"万恶之源"的本质却并没有什么不同。

以营利为目的，以钱财为赌注，用某种方式或工具来比试输赢，非法获取钱财的行为，便是赌博。从这一定义出发，我们可以了解到，赌博的目的在于"营利""非法获取钱财"，而其形式便是"用某种方式或工具来比试输赢"。

那么，现代的赌博究竟都有哪些形式呢？按大类划分，现代的赌博可以分为线上赌博和线下赌博两种。但随着互联网的普及，以及国家有关部门对线下赌博的严厉打击，线上赌博已经取代线下赌博，成为当前较为普遍的赌博形式。

近年来，各类线上赌博层出不穷，其中较为常见的是互联网赌场、体育竞技赌博、红包功能赌博、休闲游戏赌博等。

1. 互联网赌场

利用网络赌场赌博是较为常见的一种线上赌博形式。违法犯罪分子通过网站、APP 等工具，以直播形式开展赌博行为，参赌人员登录网站或下载 APP，完成充值后便可参与赌博。通常来说，参赌人员可以随时将赌博所得积分兑换为现金，网站或 APP 会收取一定的手续费。但是，很多网络赌场不仅会背地里做手脚操纵赌局，

而且还会直接携款跑路，只给参赌人员留下一堆无法兑现的积分。

2. 体育竞技赌博

随着时代的发展，体育竞技赌博已经不再限于赌球。近年来，一些人开始利用电子竞技赛事结果开展线上赌博活动。这种新型体育竞技赌博很容易吸引那些游戏爱好者，对青少年也具有较强的吸引力。

这类赌博与开设网络赌场赌博，在操作模式上基本相同，对参赌人员的专业程度要求极低，所以会更容易吸引未成年人参与。参赌人员除了面临着难以收回本金的风险外，还可能将自己的信息泄露给他人，给自己带来一定的人身和财产风险。

3. 红包功能赌博

利用社交平台的红包功能进行赌博，是一种新型线上赌博形式。最近几年，在很多社交网络平台上都出现过这种赌博。其主要形式是通过"拼手气"的方式，抢夺红包，看上去似乎是一种娱乐活动，但随着红包金额越来越大，最终就变成了彻头彻尾的赌博行为。

4. 休闲游戏赌博

利用休闲游戏赌博是较为常见的一种线上赌博形

式，违法犯罪分子多会通过棋牌类游戏进行赌博，比如斗地主、梭哈、牌九、搓麻将等。

5. 直播型网络赌博

一些不法平台依靠美女主播吸引流量，将观众带入直播间进行"赌博"游戏，诱导观众购买游戏币下注参赌，不同"宝贝"对应不同的赔率，押中的就会赢得游戏币，没有押中就会输掉游戏币。

6. 娱乐购物商城

这类网上商城多以购买促销或特定的茶叶、酒水等实物商品为卖点，让消费者获得所谓的"商品增值换购"的机会。不断诱导消费者进行投注，如果消费者投注成功，可以退货提现赚钱；如果投注失败，便只能提取原商品，但是这些所谓的正品商品往往都是假冒伪劣产品。

第三节　赌博为何也会上瘾

与网络成瘾、吸毒成瘾一样，赌博也会令人上瘾。赌瘾的形成主要受赢利、娱乐、逃避现实、寻求刺激、翻本、续赢等心理的影响，一旦形成赌瘾，人很难从中抽离出来。

赌博上瘾也称"病理性赌博症"，属于一种精神疾病。简单来说，它就是一种无法停止赌博的病态表现，主要表现为频繁发作不考虑后果、反复无节制地赌博。这些病态的赌博者对赌博充满向往和冲动，为了赌博，他们可以放弃学习、工作，甚至家庭。如果强行戒赌，则会出现诸如紧张、困倦、乏力、失眠、食欲不振等"戒断反应"，因此戒赌的过程可以说极为艰难。

赌博之所以会上瘾，是因为做这件事能让赌徒感觉到无比快乐。人之所以会产生快乐这种情绪，与大脑中分泌的多巴胺是相关的。多巴胺是大脑释放的一种快乐因子，当赌徒在赌博中赢钱或期待赢钱的时候，大脑就会释放大量的多巴胺，促使他们产生一种愉悦感，从而令赌徒在赌博中乐此不疲。

另外，那些赌博上瘾的人或多或少都被心中的情绪所左右，无论赌输还是赌赢，他们的某种心理都在驱使他们继续赌下去。当他们赌赢的时候，会受心中的贪欲所影响，总想要再多赢一些再收手；当他们赌输的时候，心中又会溢满不甘心和投机的情绪，他们总觉得只要再赌一次，就一定能赢。但是，即使赌赢了，贪欲也会驱使他们继续，如果再次赌输了，那种不甘心的情绪又再一次驱使他们继续赌。总而言之，赌博一旦开始，便很难再叫停。

赌博成瘾有其自身的发展过程，大致可分为 4 个阶段：

第一阶段为获利阶段。一些人最开始迷恋赌博都是因为最开始的获利，自此一发不可收拾。

第二阶段是输钱阶段。大多数赌博者都是在赢到眼红时突然开始输钱，虽然境况的转变会让他们难受，但他们也并不会收手，而是更加频繁地赌博，想要把输掉的钱赢回来。大多数人都是在这一阶段开始沉迷赌博，并且逐渐丧失理性，为了筹集赌资开始四处向亲朋好友借钱。

第三阶段为绝望阶段。伴随着赌博中一次又一次的失利，从亲朋好友那里借来的钱也付之东流，面对高筑的债台，很多赌徒都会陷入绝望，甚至会产生"一死了之"的想法。

第四阶段是放弃阶段。在经过反复的折腾后，许多赌徒开始认命，放弃了把投进去的钱捞回来的想法，但是他们并不会停止赌博，只是开始得过且过，借酒消愁，企图通过酒精来麻痹自己。

通过以上内容我们可以看到，赌瘾一旦形成是非常可怕的，轻则倾家荡产，重则轻生自杀。青少年一定要远离赌博、拒绝赌博，切不可让赌博毁了灿烂美好的人生。倘若真的沾染了非常严重的赌瘾，一定要在家人的陪同下到正规医疗机构寻求医生的帮助。

第四节　赌博对青少年的危害

> 　　赌博对于个人、家庭、社会都是百害而无一利。一些青少年抱着试一试的心态参与赌博，本以为自己可以浅尝辄止，殊不知已经跌入了赌博的深渊。只有我们对赌博的危害有一个清晰的认识，才能最大限度地远离赌博。

　　一些青少年沉迷赌博之初，其实都是抱着一种"小赌怡情"的心态。久而久之，他们越赌越上瘾，进而陷入一种痴迷的状态。

　　导致青少年沉迷赌博的原因主要有以下几点：其一，受父母影响，有的父母整日沉迷于打麻将，无暇关心孩子，促使很多青少年"有样学样"，也在无人管束的情况下开始赌博，还有很多父母因为法律意识淡薄，甚至鼓励、资助孩子参与赌博活动；其二，受好奇心影响，一些青少年在好奇心的驱使下开始尝试赌博，自此一发不可收拾；其三，寻求刺激，赌博对一些青少年而言，不仅是一种物质刺激，更是一种精神刺激，青少年一旦沾染赌博，便很难收手。

赌博对青少年的危害巨大，主要体现在以下几个方面：

首先，赌博会扭曲青少年的人格。在"赌海"沉沦的青少年会将人与人之间的关系看作金钱关系，容易形成自私自利、金钱崇拜、见利忘义的价值观。赌博上瘾还会使青少年产生贪欲，进而形成好逸恶劳、尔虞我诈、投机侥幸等不良心理。

其次，沉迷赌博会影响青少年的学习成绩，进而荒废学业。大量的事例证明，参与赌博的青少年都会存在不同程度的学习成绩下降的情况，赌瘾越大的人，学习成绩下滑得越严重，留级、退学在这些沉迷赌博的青少年身上时有发生。

再次，赌博会加大青少年的精神压力。因为赌博属于一种智力型的竞技，最终结果往往与金钱的得失联系在一起，所以那些赌博的青少年往往顶着巨大的精神压力在参与。部分参与赌博的青少年会因为巨大的精神压力出现失眠、神经衰弱、记忆力下降的症状，严重的甚至会诱发心理、精神疾病。

最后，赌博会致使青少年走上违法犯罪的道路。沉迷赌博这一行为是要依托大量金钱的，一些青少年在缺乏赌资却又赌瘾难耐时，往往会选择走上违法犯罪的道路。他们或入室盗窃，或拦路抢劫，甚至有些人为了获得赌资对自己的亲人痛下杀手，而这些行为无疑会断送自己的美好前途。

此外，赌博对于青少年的家庭而言，更是一场毁灭性的灾难。由于青少年自身没有经济来源，沉迷赌博后，经常找各种借口向父母索要钱财，从而引发家庭矛盾，

令无数家庭苦不堪言。

赌博不仅会毁掉一个人，还会败掉一个家，对于青少年和家庭都有着严重的危害，因此我们必须坚决抵制。

第五节　未成年人怎样预防赌博

　　青少年总觉得赌博离自己很远，其实不然，无论是那些学校附近商店中公开售卖的"现金刮刮卡""吃糖果送玩具"等博彩小玩具，还是隐匿于游戏厅中的"老虎机""捕鱼机"，或是近年来随着互联网的发展，在网络世界中盛行的网络赌博，都在步步引诱青少年走进赌博的陷阱。青少年要时时处处避免掉进这些陷阱。

　　赌博既是影响家庭幸福的定时炸弹，也是危害社会的不稳定因素。因此任何与赌博有关的行为，青少年都应该坚决远离。

　　近年来，青少年沉迷赌博的人数不断攀升，面对万劫不复的赌博深渊，我们应做到：

1. 不要抱着好奇和侥幸的心理去尝试赌博

　　互联网的发展促使赌博距离我们仅有一屏幕之隔，在网络上充斥着各种赌博"陷阱"。为了避免掉入网络赌博的陷阱，我们要做到不乱点网络上来历不明的链接和弹窗，凡涉及以金钱购买虚拟币的网络赌博游戏要拒玩，千万不可抱着好奇和侥幸的心理去尝试赌博。面对同学、朋友、父母的赌博邀请，我们务必要保持清醒，严词拒绝。

2. 做一个有目标、有理想的青少年

通常没有目标和理想、游手好闲的人更容易陷入赌博的泥沼。青少年应确立自己的目标和理想，多培养一些积极向上的兴趣、爱好，让自己每天的生活过得充实而有意义，这样可以极大地避免因无所事事、没有追求而误入赌博的歧途。

3. 赌博的朋友要远离

当发现身边有赌博的朋友，我们不应受对方言语的诱导，与其一同堕落、沉迷赌博。相反，我们应努力劝导对方拒绝赌博、远离赌博。但是，如果经过我们的劝阻依旧无果的话，我们可以告知对方家长或向老师、学校有关部门报告，然后再与沉迷赌博者划清界限，避免遭受人身和财产安全的威胁。

除了青少年自身的努力外，家长和学校也应为预防青少年赌博付诸行动。家长在家中应多给予青少年理解

和支持，以免他们因为情绪低落而将赌博作为排解方式。另外，家长要多关注孩子的行为和变化，多为孩子安排一些有益身心的活动，例如打球、下棋、唱歌等。如果父母能够在忙碌的工作之余，抽出时间陪孩子一起看书、聊天、看电影，打破孩子和父母之间的交流隔阂，让孩子的精神世界得到亲情的滋养，那么青少年参赌的概率将会大大降低。家长还要为孩子树立好榜样，配合学校，让孩子形成远离赌博的意识，从根源上阻止未成年人赌博。

学校则应多开展以"预防赌博"为主题的教育讲座、主题班会，为青少年普及赌博的相关知识，帮助他们认清赌博的危害。学校还应该做好思想品德教育，让德育工作渗透到各学科的教学中，潜移默化地引导学生形成对金钱和利益的正确认知。班主任老师平常可以多收集一些关于赌博的案例与视频，供未成年人日常观看，引以为戒。

未成年人获取的赌博信息大都来源于网络，而且其中有相当一部分人参与网络赌博，因此整个社会要加强网络监管。针对网络赌博违法犯罪的新特征，建立相关管理制度，提高对违法犯罪行为的震慑力。公安、网监、网信办等相关部门监管和查处工作应有创新思维和机制，加大打击力度。只有全链条、全方位的管理跟上，全社会的预防做好，才能解决未成年人参与赌博的问题。

青少年是一个国家、一个民族的未来与希望，打击网络赌博行为、清除赌博信息，让青少年接触到的环境更干净。加大引导力度，宣传赌博危害，让青少年全方面了解参赌的害处。相信通过各方的共同努力，青少年一定会远离赌博、拒绝赌博。

第六节　身边有人赌博怎么办

正所谓一入"赌博"深似海，长期沉迷于赌博，带来的不仅仅是金钱上的损失，更让人在不知不觉中迷失自己，成为赌博的奴隶。青少年不仅要严于律己、远离赌博，当发现身边有人赌博时，也要对其及时劝导，帮助其跳出赌博的"五指山"。

我们要明白一切赌博行为都是违法的。如果我们偶然在某个场所发现聚众赌博的现象，一定不要声张，应设法离开该场所，到达安全的地方后，再打电话报警。

如果深陷赌博的人刚好是我们身边的亲人、朋友，我们应对其赌博的行为表示理解，因为很多人赌博上瘾并非自己所愿，然后告知家中的大人，齐心协力帮助他们来戒赌。

首先，我们应先搞清楚对方赌博的原因，再对"症"下"药"。正所谓有"因"才有"果"，我们要明确他们究竟是利用赌博来排解消极情绪，还是为了应对诸如退休、穷、应急等情况，只有明晰他们赌博背后的原因，我们才能帮助他们有针对性地解决问题。

其次，要晓之以理，动之以情。以社会上的赌博案例为对方讲述赌博是如何让一个完整的家庭支离破碎，如何让一个优秀的人失学失业，帮助他认清赌博的危害，要让对方明白依靠赌博绝对不可能一夜暴富，天下绝没有掉"馅饼"的事情。

如果对方赌博成瘾，我们应劝说他主动去接受治疗，这种心理成瘾只有他自己想要治疗时，才能有成效，仅仅单纯地通过外界去干预赌瘾，很难收获成效。因为任

何强制性的外界干预所带来的效果，与赌博所带来的精神愉悦相比都微不足道。唯有赌博成瘾者自身坚定治疗信念，才能真正战胜赌瘾。

面对赌博成瘾者，我们作为家人或朋友，应及时带他到医院进行检查，确认其是否为病理性的赌博成瘾。无论是与不是，都要听从医生的建议，并配合药物或心理干预进行治疗。

很多赌徒因为沉迷赌博，往往导致债台高筑。当这种情况被家人知晓后，大多数家人都会选择充当"救世主"的角色，想方设法帮助其偿还赌债。其实这种行为是不可取的，如果家人轻易帮其偿还了赌债，会使赌博者产生错觉，即即使他继续赌博，家人也会无底线地帮他还债，这样的做法无疑助长了他继续赌博的火苗。

正确的做法是，家人应该拒绝为其还债，要让他明白每个人都应为自己的行为负责，既然高额的赌债是由其赌博造成，就应该由他来承担这个责任。如果赌博者已有独立赚钱的能力，应让他出去找份工作，独立还债；如果没有还债能力，可先由家人代还，但是要对他提出相应的要求，防止其再次陷入赌博的泥沼。

第四章
毒品，让人欲罢不能的毒药

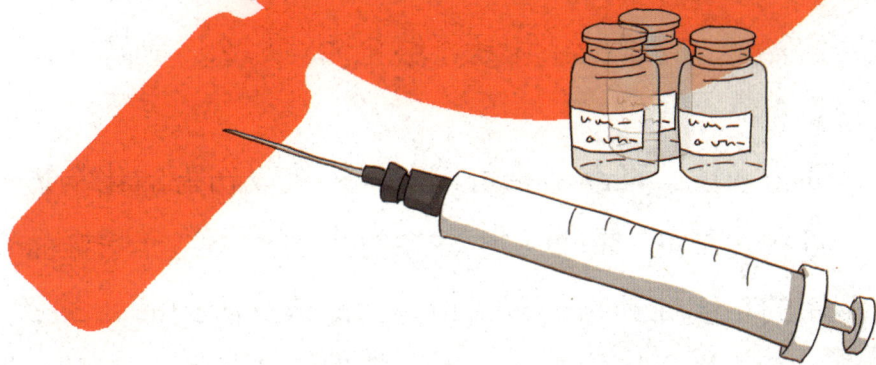

第一节　什么是毒品

近年来，青少年吸毒的现象开始增多，他们大多是因为无知和好奇开始吸毒，最终染上毒瘾。青少年已被列为毒品预防教育的重点对象。究竟什么是毒品？通俗来讲，一切列入国家管制的麻醉药品和精神药品，一旦被非法使用，便成为了毒品。

一提起毒品，大家似乎都有这样一个模糊的概念：毒品就是鸦片、海洛因、冰毒等让人成瘾并对人体产生危害的物质。这样的认识还不够全面。那么，到底什么是毒品呢？

通俗地说，毒品泛指可以对人体造成伤害的化学物质、毒物、毒剂，在日常生活中特指被人类当作嗜好品而滥用的功能性药物，多为精神药品或麻醉药品，因为滥用这类药品会损害身心健康，所以我们称之为毒品。1990 年，第七届全国人大常委会第十七次会议通过的《关于禁毒的决定》第一条首次对毒品下了定义："毒品是指鸦片、海洛因、吗啡、大麻、可卡因以及国务院规定管制的其他能够使人形成瘾癖的麻醉药物和精神药品。"1997 年 3 月，第八届全国人民代表大会第五次会议对《刑法》进行了修订。其中对毒品的定义是这样的："毒品是指鸦片、海洛因、甲基苯丙胺（冰毒）、吗啡、大麻、可卡因以及国家规定管制的其他能够使人形成瘾癖的麻醉药品和精神药品。"与 1990 年的《关于禁毒的决定》相比，新增加了甲基苯丙胺（冰毒）。

国家规定管制的其他能够使人形成瘾癖的麻醉药品和精神药品也属于毒品。2013 年，我国的《麻醉药品及精神药品品种目录》中列明了 121 种麻醉药品和 149 种精神药品。2021 年 7 月 1 日正式整类列管合成大麻素类新精神活性物质、新增列管氟胺酮等 18 种新精神活性物质后，我国管制毒品将包括 449 种麻醉药品和精神药品（121 种麻醉药品、154 种精神药品、174 种非药用类麻醉药品和精神药品）、整类芬太尼类物质、整类合成大麻素类物质，数量之多在全世界位于前列。

毒品具有依赖性、危害性、非法性三大特征。

通常来说，毒品都具有一定的医用价值，如果正常使用，它就属于药物，而不是毒品。但是这些物质与其他药物最大的不同就是它们可以让使用者产生心理和生理依赖，从而导致滥用的结果。毒品的生理依赖是指中枢神经系统对长期使用的药物所产生的一种身体上的适应与依赖的状态，如果停止使用该药，就会感觉全身不适，因此，必须不停用药才能保持身体平衡；心理依赖是指毒品进入人体后作用于人的神经系统，使吸毒者出现一种渴求用药的强烈欲望，从而驱使吸毒者不顾一切地寻求和使用毒品。

某些成瘾性药物之所以被称为毒品，关键就在于它具有危害性。毒品的危害性主要表现在生理、心理和社会三个方面。

首先，毒品的生理危害是指用药者为了避免戒断反应，就必须定时用药，并且不断加大剂量，最终离不开毒品。另一方面，毒品对人的神经、大脑、呼吸、消化和心血管及肌肉等重要脏器、系统或组织有很大的毒性，所以在吸食期间或戒断后一段时间内，吸毒者的身体会出现不同程度的中毒反应，有时甚至危及生命。

其次，毒品的心理危害是指即使吸毒者经过脱毒治疗，在急性期戒断反应基本控制后，使用者在心理上仍然保持一定的觅药渴求，要想完全恢复原有的生理机能往往需要数月甚至数年的时间。心理依赖会改变吸毒者的生活方式、性格特点、心理素质和意志行为，从而导致一系列非常态行为乃至危害行为的发生。

最后，毒品的社会危害主要表现为以下三个方面。第一，吸毒会减少国家财政收入，增加财政开支负担；第二，吸毒会带来各种社会犯罪问题，尤其是因贩毒活动而形成的犯罪集团和黑社会性质组织，以及由此引发的暴力、凶杀、贿赂和洗钱等犯罪活动；第三，吸毒还会造成传染病的感染、传播与流行，尤其是艾滋病的感染和传播，具有严重的社会危害性。

毒品的本质特征是非法性，即毒品是法律明文规定禁止滥用的能够使人形成瘾癖的麻醉药品和精神药品。到目前为止，我国现行涉及毒品管制的法律、法规主要有《刑法》《禁毒法》《治安管理处罚法》《药品管理法》《麻醉药品和精神药品管理条例》等；另外，我国还加入了关于禁毒的国际公约组织。我国政府有关部门还对制造上述管制药品的原植物和原料种植、加工、生产等一系列环节制订了严格的计划和措施，以确保麻醉药品和精神药品的正确的医疗用途，坚决禁止任何非法使用行为。

青少年时期是读书学习的大好时光，也是青少年成长的关键时期。在这人生最美丽的年华中，青少年切勿沾染毒品，将自己推向万丈深渊。远离毒品，拒绝毒品，从我做起，从现在做起。

第二节 常见的毒品有哪些

毒品听起来似乎离我们很遥远，但据调查数据显示，近年来青少年吸毒人数逐年增加，并且逐渐趋向低龄化。因此，了解一些常见毒品的相关知识，对于青少年而言尤为重要。

毒品种类很多，范围很广，分类方法也不尽相同。从毒品的来源看，可分为天然毒品、半合成毒品和合成毒品三大类。天然毒品是直接从毒品原植物中提取的毒品，如鸦片；半合成毒品由天然毒品与化学物质合成而得，如海洛因；合成毒品完全用有机合成的方法制造而成，如冰毒。

从毒品对中枢神经产生的作用看，可分为抑制剂、兴奋剂和致幻剂。抑制剂能抑制中枢神经系统，具有镇静和放松的作用，如鸦片类；兴奋剂能刺激中枢神经系统，使人兴奋，如苯丙胺类；致幻剂能使人产生幻觉，导致自我歪曲和思维分裂，如麦司卡林。

从毒品的自然属性看，可分为麻醉药品和精神药品。麻醉药品是指对中枢神经有麻醉作用，连续使用易产生生理依赖性的药品，如鸦片类；精神药品是指直接作用于中枢神经系统，使人兴奋或产生幻觉，连续使用能产生依赖性的药品，如苯丙胺类。

一、鸦片类毒品

鸦片，又叫阿片，俗称大烟，是将罂粟未成熟的种子荚割开后，所渗出的白色乳汁干燥凝固的产物。罂粟是一种一年生或两年生草本植物，花色有白色、粉色、红色、紫红色或紫色。鸦片只能在罂粟生长期中很短的日子里，即在花瓣凋谢之后和种子荚果成熟之前生产和收割。常见的天然鸦片类毒品有生鸦片和熟鸦片。吗啡是从鸦片中分离出来的一种生物碱，在鸦片中含量10%左右，具有镇痛、催眠、止咳、止泻等作用，吸食后会产生欣快感，比鸦片容易成瘾，长期使用会引起精神失常、谵妄和幻想，过量使用会导致呼吸衰竭而死亡。历史上，它曾被用作精神药品戒断鸦片，但由于其副作用过大，最终被定为毒品。吗啡多以盐酸盐的形式存在，主要包括精制吗啡、吗啡碱、吗啡片等。海洛因、杜冷丁、美沙酮等都是吗啡的衍生物。

海洛因是常见的人工合成鸦片类毒品。海洛因即二乙酰吗啡，是鸦片毒品系列中最纯净的精制品，也是目前我国吸毒者吸食和注射的主要毒品之一。1874 年，英国化学家 C.莱特在吗啡中加入醋酸酐等物质，首次提炼出镇痛效果更佳的半合成化衍生物二乙酰吗啡，即海洛因。

海洛因为白色粉末，微溶于水，易溶于有机溶剂。盐酸海洛因则易溶于水，其溶液无色透明。最初的海洛因曾被用作戒除吗啡毒瘾和镇定、止咳药物使用，后来发现其有比吗啡更强的成瘾性，因此早在 1910 年就停止了海洛因在临床上的使用。如今，海洛因已成为世界范围滥用最为广泛的毒品。

二、大麻与大麻制剂

大麻、海洛因以及可卡因是国际上被滥用的三大毒

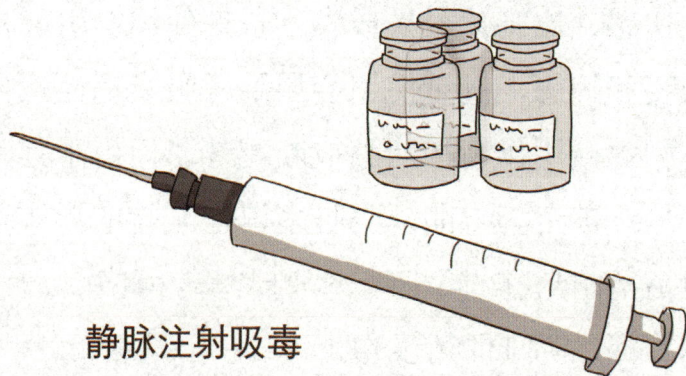

静脉注射吸毒

品。滥用大麻现象已在全球范围内普遍存在，造成了极其严重的公共卫生问题和社会问题。

大麻是桑科一年生草本植物，分为有毒大麻和无毒大麻。无毒大麻的茎、秆可制成纤维，籽可榨油。有毒大麻主要指矮小、多分枝的印度大麻。这类大麻开花时植株顶部所含的树脂状物质中含有一类精神活性物质，被统称为大麻脂类物质，四氢大麻酚（THC）、大麻二酚、大麻酚等是主要的大麻脂类物质。其中，最主要的活性成分就是四氢大麻酚（THC）。

常见的大麻毒品主要是大麻植物干品、大麻树脂、大麻油。大麻植物干品是由大麻植株或植株的部分经过晾晒后压制而成的；大麻树脂主要是由大麻的果实和花顶部，经压搓后渗出的树脂制成的；大麻油是从大麻植株或大麻树脂中提炼出来的液态大麻物质。

三、苯丙胺类毒品

苯丙胺类毒品是人工合成的兴奋剂，由不同的元素和原子团进行排列组合而成。如今，苯丙胺类毒品的种类越来越多，它们大多既有兴奋作用又有致幻作用。苯丙胺药物强烈的兴奋作用使它们刚应用于临床不久就开始被滥用。从 1932 年起就有人为寻求感官刺激而吸食苯丙胺。1996 年 11 月 25 日，联合国禁毒署在上海召开的国际兴奋剂专家会议上，专家一致认为苯丙胺类兴奋剂将逐步取代 20 世纪流行的鸦片、海洛因、大麻、可卡因等常用毒品，成为 21 世纪全球范围滥用最为广泛的毒品。

最常见的苯丙胺类毒品为冰毒、摇头丸、麻古和丧尸药。

冰毒即甲基苯丙胺，又称甲基安非他明、去氧麻黄素，为纯白色晶体，晶莹剔透，外观似冰，俗称"冰毒"，吸、贩毒者也称之为"冰"。该毒品小剂量吸食时有短暂的兴奋、抗疲劳作用，故其丸剂又有"大力丸"之称。

摇头丸是冰毒的衍生物，以苯丙胺类兴奋剂为主要成分，具有兴奋和致幻双重作用。摇头丸外观多呈片剂，五颜六色，服用后会导致中枢神经强烈兴奋，出现长时间剧烈摇头和晃动，在幻觉作用下常常引发性侵、自残与攻击行为，并可诱发精神分裂症及急性心脑疾病，精神依赖性强。

麻古，也称麻果、麻骨，系泰语的音译，实际是缅甸产的"冰毒片"，其主要成分是苯丙胺类兴奋剂和咖啡因。麻古的外观多为圆形、药片状，与摇头丸相似，通常呈玫瑰红、橘红、苹果绿等色，添加色素香料呈不同颜色和香味，上面印有 R、WY、66、888 等标记。

丧尸药是一种新型毒品，也称"浴盐"，它的主要成分为甲卡西酮，是一种苯丙胺类似物，一般为粉末状态或与水混合液体。长期滥用甲卡西酮会导致妄想、焦虑、震动、失眠、营养不良、周身疼痛等，严重者可造成不可逆的永久脑部损伤甚至死亡。

四、可卡因类毒品

可卡因是一种高强度的兴奋剂，吸食后能够使中枢神经处于高度兴奋的状态。可卡因俗称"可可精"，学名苯甲基芽子碱，是 1855 年德国化学家弗里德里希（G. Friedrich）首次从古柯叶中提取麻药成分。1859 年奥地利化学家纽曼（Albert Neiman）又精制出更高纯度的物质，命名为可卡因。可卡因是一种生物碱，其盐类呈白色晶体状，无气味，味略苦而麻，易溶于水和酒精，兴奋作用强，是强效的中枢神经兴奋剂和局部麻醉剂。可卡因能阻断人体神经传导，产生局部麻醉作用，并可通过加强人体内化学物质的活性刺激大脑皮层，兴奋中枢神经，表现出情绪高涨、好动、健谈，有时还有攻击倾向，具有很强的成瘾性。

第三节 **不易察觉的新型毒品**

现如今，毒品穿上了形形色色的外衣，让人难以窥探它的真面目，一杯奶茶、一块糖果、一块曲奇饼干……都可能是戴着"虚假面具"的毒品，这些不易被察觉的新型毒品，正在悄无声息地渗入青少年的生活。

从毒品流行的时间顺序看，可分为传统毒品和新型毒品。传统毒品一般指鸦片、海洛因等阿片类流行较早的毒品；新型毒品相对传统毒品而言，主要指冰毒、摇头丸、神仙水、合成大麻素等人工化学合成的致幻剂、兴奋剂类毒品和管制类精麻药品。近些年，神仙水、合成大麻素、氟胺酮等新型毒品开始流行。

一、K粉

K粉即"氯胺酮"，静脉全麻药，有时也可用作兽用麻醉药。白色结晶粉末，无臭，易溶于水。K粉大多为鼻吸，也有液体注射，或溶于饮料口服，通常在娱乐场所滥用，服用后遇快节奏音乐便会强烈扭动，会导致神经中毒反应、精神分裂症状，出现幻听、幻觉、幻视等，会对记忆和思维能力造成严重的损害。

二、 咖啡因

咖啡因是化学合成或从茶叶、咖啡果中提炼出来的一种生物碱。咖啡因主要是吸食、注射，大剂量长期使用会对人体造成损害，引起惊厥、心律失常，并可加重或诱发消化性肠道溃疡，甚至导致吸食者下一代智力低下、肢体畸形，同时具有成瘾性，停用会出现戒断症状。

三、 三唑仑

三唑仑又名海乐神、酣乐欣，淡蓝色片，是一种强烈的麻醉药品，口服后可以迅速使人昏迷晕倒，故俗称迷药、蒙汗药、迷魂药。

四、合成大麻素

合成大麻素的外观是小碎块或颗粒的茶叶、香草状，常见为咖啡色或褐色，也有暗绿色或暗红色（可能添加了不同的色素）。合成大麻素不依赖于大麻的种植，价格低廉、隐蔽性强，并且能产生更为强烈的兴奋、致幻等效果。该类制品多以香料、花瓣、烟草、电子烟油等形态出现，如娜塔莎、K2、"小树枝"，过量吸食会出现休克、窒息甚至猝死等情况。

五、神仙水

神仙水是由 γ–羟基丁酸掺进饮料后混合而成的新型毒品。γ–羟基丁酸对中枢神经系统有强烈的抑制作用，目前是我国管制的第一类精神药品，其钠盐为白色粉末，易溶于水和酒精。不法分子通常将其或其溶液掺入酒水、饮料、奶茶中饮用。滥用神仙水会造成暂时性记忆丧失、恶心、呕吐、头痛、反射作用丧失，严重者会失去意识、昏迷甚至死亡。

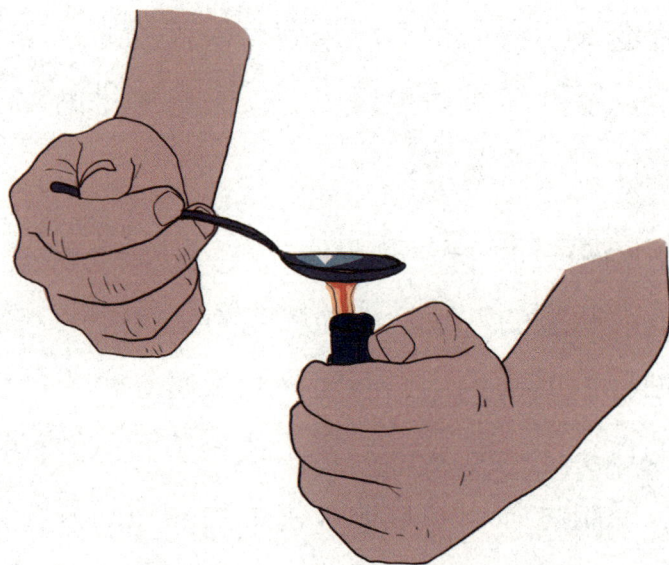

六、植物类新毒品

目前，比较常见的植物类新毒品有：恰特草、卡痛叶、鼠尾草。

恰特草一般以新鲜的植物出售，但也有卖干叶子和酒精提取物的。吸食方式一般是咀嚼恰特草的叶子和嫩芽，也有沏茶的。卡痛叶主要出售新鲜叶子或干叶粉末，具有类似吗啡的麻醉作用。新鲜叶子多用于咀嚼，干燥叶子的粉末一般是口服或煮茶。鼠尾草一般以种子或叶子的形式出售。鼠尾草的新鲜叶子一般是咀嚼，或是捣碎冲泡饮用，干叶子以抽烟的方式吸食。植物类新毒品具有强烈的兴奋和致幻作用，吸食后会引起偏执、焦虑、恐慌、被害妄想等反应。

七、笑气

笑气，学名一氧化二氮，无色，微甜味，从鼻腔吸入后，会让人感到轻松、快乐、不自觉地发笑，吸食过量甚至会产生幻觉，所以被人称为"笑气"。长期吸食笑气会导致脑神经损伤，严重者会瘫痪甚至死亡。笑气是一种国家列管的危险化学品，具有麻醉作用，长期吸食危害极大，被视为"软性毒品"。

八、氟胺酮

氟胺酮，学名是 a-邻氟苯基 -2- 甲胺基 - 环己酮，吸食方式主要是鼻吸，也有人会将氟胺酮溶入饮料等液体或制成片剂以口服方式滥用，还有静脉注射、肌注等方式。它存在高度剂量依赖性，低剂量中毒时可造成注意力、学习能力和记忆力损伤；较高剂量使用时可导致梦幻状态和幻觉；高剂量使用时可引起精神错乱、记忆缺失、自伤自残自杀等行为。

九、"烟粉""烟油"

2022 年 6 月 23 日，公安部发布的《2021 年中国毒情形势报告》中提到了在部分地区发现吸食含依托咪酯、美托咪酯的"烟粉"和"烟油"等毒品替代物质。依托咪酯、美托咪酯一般呈白色晶体粉末状或烟油形态，主要以添加在普通香烟烟丝内烤吸或勾兑在电子烟油中的方式吸食；咪酯抽起来有烧焦的汽车轮胎的焦臭味，吸食后会导致人上头，出现站立不稳、东倒西歪的状态。

新型毒品种类繁多，又极具伪装性、隐蔽性和迷惑性。面对这些披着诱惑"外衣"的新型毒品，我们一定要提高警惕，远离新型毒品，守护健康人生。

第四节　毒品对身体的危害

　　吸毒会损害中枢神经系统和心血管系统，引发中毒性心肌炎、心律失常、心包炎、静脉和动脉并发症等疾病；吸毒还会损害呼吸系统，除导致肺水肿、肺结核等疾病外，使用静脉注射毒品还会引起肺炎等疾病；吸毒还会损害消化系统，造成吸毒者食欲不振、营养不良、抵抗力下降等。

　　吸毒会对身体造成严重的危害。人一旦吸毒成瘾，就会身体消瘦，思维迟钝，判断力削弱，记忆力减退，体力下降，丧失从事正常智力和体力劳动的能力；一旦吸食过量，可能直接致命。毒品在给人们带来短暂的精神上的快感之后，直接的副作用是造成对身体健康的巨大损害。长期吸毒或长期滥用毒品，对神经系统、心血管系统、呼吸系统、消化系统等方面都会造成致命的伤害。

　　吸毒一般通过 3 种主要途径对呼吸系统造成严重破

坏：经呼吸道滥用毒品对呼吸道有直接刺激；通过不同途径进入体内的毒品对呼吸道的特异性毒性作用；由吸毒引起的营养不良和感染也可能危及呼吸系统。

海洛因吸食过量或中毒时会导致海洛因性肺水肿。此病起病较急，一般于吸食或注射海洛因过量后立即出现，如抢救不及时，往往引起死亡。患者被送入医院后，常表现为昏迷、呼吸抑制、瞳孔缩小、口唇发绀。可卡因可引起吸食者剧烈胸痛和呼吸困难。此外，可卡因吸入还可引发肺炎、肺水肿、咳嗽、咳痰、发热、咳血、哮喘、气胸、气心包和肺泡出血等症状。

绝大多数毒品均有抑制食欲的作用，部分吸毒成瘾者就是误认为毒品可以用来减肥而开始吸毒的。毒品的抑制食欲作用不仅可引起身体消瘦，还可能引起某些人体必需的维生素和矿物质的缺乏，从而引起一系列营养不良综合征。维生素 B 族缺乏会损伤中枢神经系统，从而导致记忆力、注意力、学习能力显著下降，甚至出现意识障碍。维生素 B 族缺乏还会引起末梢神经炎和各种皮炎。铁元素缺乏可引起缺铁性贫血，故而吸毒者中缺铁性贫血现象非常常见。

很多毒品会对心血管系统产生直接毒性。静脉注射毒品引起的感染也会对循环系统造成不良影响，吸毒会导致各种心律失常和缺血性改变。海洛因成瘾者在吸毒后 24 小时内，55% 有异常心电图表现，常见的有：传导阻滞、去极化及复极化异常、心动过缓、心律不齐。可卡因引起心律失常更为常见，注射可卡因短期内即出现心动过速，此外，还可出现心动过缓、室性期前收缩、室性心动过速和室颤及心肌收缩不全。

吸毒会对免疫系统造成危害。吸毒者大多营养状况很差，一旦有细菌或病毒侵入机体，很容易引起感染，继而造成全身范围的广泛扩散，最终导致吸毒者死亡。尤其是采用静脉注射方式吸毒的人，经常使用或与其他人共用不洁的注射器，很容易将外界的病原体带入自己体内，引发肝炎和艾滋病。

吸毒会对神经系统造成危害，会引起一系列的神经系统病变，如惊厥、震颤麻痹、周围神经炎、弱视、远离注射部位的肌功能障碍。海洛因吸食过量引起的呼吸抑制会进一步造成脑缺氧。另外，静脉注射伴有掺杂物的毒品，也会直接引起脑栓塞。

第五节　吸毒为何会上瘾

　　很多人都片面地认为是吸毒者缺乏一定的意志力，才会沾染毒瘾，不可自拔。实际上，吸毒成瘾是一种复杂的疾病，对吸毒者的身体和精神都有着极大的破坏性。戒毒不仅需要强大的意志力，还要配合药物治疗和心理辅导多管齐下，但即使这样，彻底戒除毒瘾也非常困难。

　　吸毒即出于非医疗目的，通过注射、口服、鼻吸等方式，将毒品摄入体内。毒品具有极强的成瘾性，吸毒成瘾具有身体依赖、心理依赖、药物耐受性三大特征。

　　身体依赖也称体瘾，是指反复吸食毒品促使人的中枢神经系统发生改变，以至于对毒品产生依赖，一旦停止摄入毒品，会产生强烈的戒断反应，感到非常痛苦。

　　所谓戒断反应，就是在人脑中存在一种名为内啡肽的物质，这是一种具有类似吗啡作用的肽类物质，有着镇痛、调节体温、调节呼吸等功能。人的身体所感受到的愉悦和快感其实都来自这种肽类，例如我们在吃辣的时候，舌头上会有疼痛的感觉，为了消除这种疼痛，人体就会分泌内啡肽，促使我们在吃辣的时候感觉很快乐，这种快乐并非来自辣味食品本身，而是来自内啡肽。

　　吸食毒品也是同样的道理，毒品在进入人体后，带来了大量外来的内啡肽，减少并抑制了人体自身内啡肽的分泌，此时的内啡肽只能依靠毒品摄入来获取。而一

旦停止摄入毒品，外来的内啡肽就消失了，而人体本身也不再分泌内啡肽，这时就产生了戒断症状。

心理依赖又称心瘾，是指使用者对毒品有着强烈的渴求欲望，要通过反复吸食毒品以获得精神上的快感，这种欲望驱使着吸毒者不顾一切地购买和吸食毒品。

心瘾的产生与大脑中分泌的多巴胺是息息相关的。多巴胺是大脑中一种可以传递快乐的分泌物，当我们取得好成绩、收获赞美、获奖时，大脑就会分泌多巴胺，我们便会感觉到快乐。

然而这样的快乐与毒品所带来的"快乐"相比是微不足道的，吸食毒品会破坏大脑的多巴胺分泌系统，打乱正常的多巴胺分泌，会不断刺激大脑大量分泌多巴胺，从而使人产生强烈的欣快感和舒适感，这样的心理体验往往让人欲罢不能，促使那些吸毒者一下就深陷毒品的泥沼中不可自拔。

药物耐受性指不断地使用同一种药物后其效果会出现退化现象，需要加大剂量才能获得与以前相同或相似的效果。

耐药性是机体对毒品反应的一种适应性状态和结果。当反复使用某种毒品时，机体对该毒品的反应性减弱，药效降低，为了达到与原来相同或相似的反应和效果，就要逐步增加剂量，这种现象就是毒品的耐药性。

　　耐药作用是长期服用过量毒品后出现的一种现象，即不断服用相同剂量的毒品而产生的作用越来越小。人的身体以一种发展的方式去补偿由于吸入毒品而引起的化学不平衡。当一个人吸入的毒品带来的刺激作用越来越小时，就可能通过增加毒品的剂量来战胜身体产生的耐受性。但当一个人身上的耐药作用增高到一定的水平时，这些毒品就会导致很严重的后果。

　　人们常说"吸毒容易戒毒难"，之所以会出现这种情况，正是因为身瘾、心瘾、药物耐受性的共同作用。一般而言，心瘾比身瘾更加顽固和难以戒除，因为毕竟生理上的戒断反应还可以用药物缓解，但精神上的焦虑却没有办法缓解，因为大脑是无法轻易忘记吸毒带来的那种极致的快感的，这也是为什么很多吸毒者即使毒瘾戒了十多年后，也有可能重新染上毒瘾。

第六节　青少年要远离毒品

青少年辨别是非能力差，好奇心强，对毒品的危害性和吸毒的违法性缺乏认识，易受毒品的侵袭，因此青少年是毒品预防教育的重点人群。

近年来，一些青少年由于对毒品的无知和好奇，迫于同伴和朋友的压力，在冒险和逆反心理的驱使下，开始走上吸毒之路。

为了有效避免毒品危害青少年的身体，侵蚀他们的精神，青少年应做到：

一、给自己设立人生目标

研究显示，那些有目标的人和为实现目标而奋斗的人染上毒品的概率更小。因为有目标的人，知道自己未来想要什么，要怎样为此奋斗。而使用毒品其实是为了寻求一时的快感，不计后果，不考虑将来。青少年如果想尝试毒品，就算只是一次，也要先想想后果是什么，它对你的人生和人生目标有什么影响。毒品不仅昂贵，而且贩毒、吸毒都违法，青少年一旦吸食毒品就会有犯罪记录，给人生染上污点，这将会对你的人生产生长期的影响。同时，为自己设立目标还可以提高自信度，当你对自己有了自信，相信自己能够达到自己的期望，那使用毒品的概率也就小了。

二、远离娱乐场所

KTV、网吧、酒吧、舞厅等娱乐场所都是贩毒分子和吸毒分子经常出没的地方。很多贩毒分子都在这类娱乐场所中寻找目标，他们为了牟利往往会不择手段地设下陷阱，引诱和威胁青少年吸食毒品。而且这些娱乐场所中，还有许多披着零食外衣的新型毒品，青少年往往在好奇心和攀比心的驱使下想要浅尝一下，自此便成为了毒品的奴隶。因此，青少年一定要远离这些娱乐场所。

三、正确面对人生挫折

一些青少年遭遇了人生挫折，往往因为迈不过这道坎，就情绪低落、苦闷沮丧，在这种消极情绪的作用下很容易就误入歧途，用吸食毒品所带来的快感来疏解消极情绪。这样的做法是万万不可取的，青少年要明白人生不是一帆风顺的，任何人都有情绪低落的时候，我们应当寻求健康、正确的疏解方法，例如，与朋友、家人倾诉，做运动等，切勿因一时的消极情绪就吸食毒品。我们要保持一个健康积极的生活态度，正确面对人生挫折。

四、谨慎交友

我们常说"近朱者赤，近墨者黑"，很多吸毒的青少年正是在身边朋友的引诱下才走上了吸毒这条不归路。青少年在交友时没有分辨朋友好坏的能力，往往不对对方的品德加以考量，就轻易与对方成为了朋友。一些吸毒者表示："我是看到好朋友吸，我才吸的。"有时候正是青少年身边所谓的"朋友"，将一些青少年推向了毒品的深渊。甚至有些"朋友"为了达到以贩（毒）养吸（毒）的目的，欺骗他人吸毒，因此青少年一定要谨慎交友，多结交那些有道德、讲文明、爱学习的朋友，不与吸烟者、吸毒者为伍。

五、保持安全距离

如果青少年发现家人、亲戚或者朋友吸毒，请远离他们，绝不要走同样的路。可以的话，和信任的朋友谈谈，他们可能会给你提供建议、方法和支持。要远离毒品，外在的支持是非常重要的。要知道，家里有人吸毒的话，家庭成员染毒的概率会很大，要远离毒品也就需要保持头脑清醒，并与吸毒的人保持距离。

六、远离诱惑

如果你周围或者所在的学校里有吸毒的人，你要坚决不和他们走在一起。你可以找更积极乐观、有更多正能量的朋友。如果你参加聚会的时候，发现有人在吸毒，直接走掉就是了。如果继续待下去，就算你可以拒绝，来自同龄人的压力也可能让你被迫吸毒。

第七节　身边有人吸毒怎么办

　　毒品是万恶之源、社会公害，多少人因为吸食毒品丧命，又有多少家庭因为毒品而破碎。青少年是祖国的希望和未来，要从内心深处憎恶毒品、拒绝毒品，当我们发现身边有人吸毒时，更要施以援手，帮助他们战胜毒品。

　　如果我们想要及时发现身边的吸毒人员，帮助他们走出吸毒泥沼，首先我们要学会辨识使用毒品的迹象。根据我国戒毒机构工作人员的总结，吸毒者通常会有以下特征：（1）学业或工作表现越来越差；（2）食欲减退、体重下降、双眼无神；（3）生活懒散无规律，睡眠时间不固定、不注重个人卫生、上厕所频繁；（4）情绪不稳定、脾气暴躁；（5）频繁出没 KTV、网吧等娱乐场所；（6）经常无理由地向朋友、家人借钱；（7）为了遮蔽注射针孔，经常身穿长袖上衣……如果我们身边有人突然有了这些变化，我们务必要警惕，因为这个人极有可能吸毒了。

此外，我们还应留心观察他们身边是否藏匿毒品和吸毒工具。如果他们的身边开始出现一些来历不明的药袋、纸袋、注射器、烟头等物品，我们更要提高警惕。

青少年发现身边有人吸毒，应该怎么办呢？如果我们发现了疑似吸毒人员，我们要避免与他们正面对峙，首先要坚定自己"决不吸第一口"的立场，面对对方递过来的疑似毒品的东西，一定要拒绝；其次，我们要想

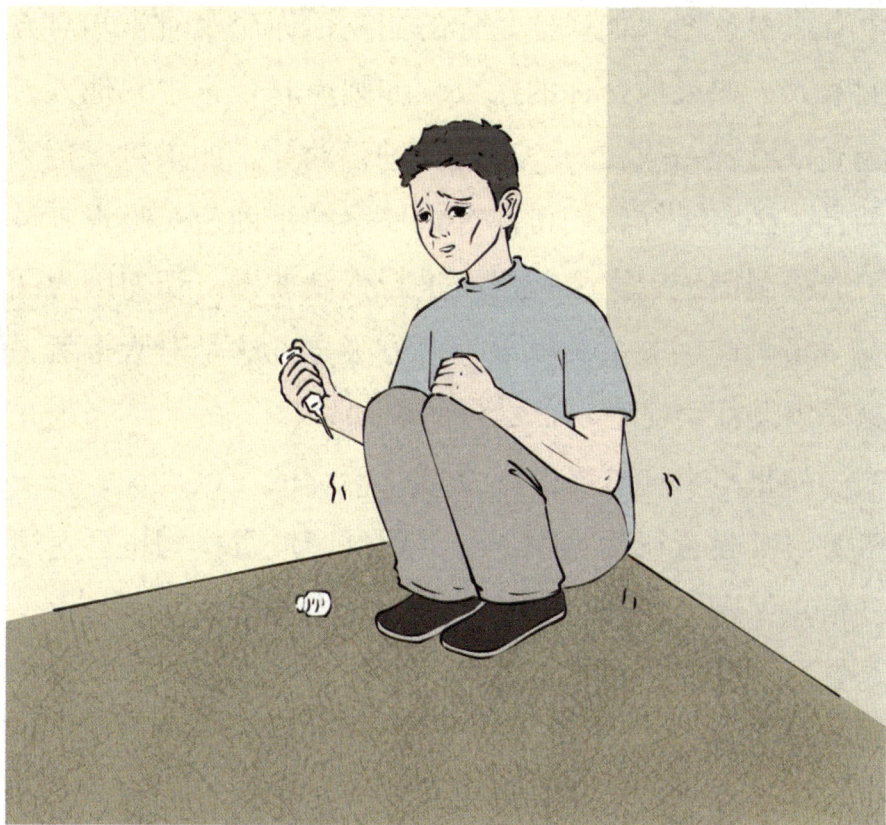

办法迅速离开涉毒环境，在确保自身安全的前提下，向公安机关举报。

如果面对的疑似吸毒人员是我们的家人或朋友，我们可以向对方讲述毒品的危害，试探性询问对方是否有戒毒的意向。如果对方对毒品也是深恶痛绝，只是无法控制自己吸毒的行为，我们可以告知大人，帮助他联系戒毒机构，进行强制性戒毒或社区戒毒。

假如对方沉浸在毒品带来的快感中不可自拔，丝毫没有戒毒意愿，如果他是你的朋友，你应及时告知对方的家人；如果他是你的家人，你则应联合家中其他人，建立戒毒统一战线，一起对其进行劝导。如果对方拒不配合，必要时候我们可以寻求警察的帮助，对吸毒人员采取强制措施，送入戒毒所进行强制戒毒。切勿因为朋友、家人这层关系，就放任对方吸毒，这是对吸毒者、家庭以及社会极度不负责任的表现。

如果是自愿戒毒并接受戒毒治疗的吸毒人员，公安机关对其吸毒行为是不进行处罚的，戒毒机构也会对患者信息保密。但戒毒人员一旦被送入戒毒所强制戒毒，是要受到公安机关的处罚的，要执行为期 2 年的行政强制戒毒措施。

无论是面对陌生的吸毒人员，还是与我们有亲密关系的吸毒人员，要做到能够觉察对方在吸毒，都需要自己对毒品相关知识有所了解。因此，青少年在日常生活中只有多学习毒品的相关知识、了解毒品的危害，才能够更好地保护自己以及家人、朋友免受毒品的侵害。